洋画プログラムに夢中だった頃

1955-1988

秘蔵コレクション大公開

新井巌

言視舎

はじめに

「降る雪や明治は遠くなりにけり」（中村草田男）はおろか、今日ではまさに「昭和も遠くなりにけり」になってしまいました。昔の映画は良かったなどと懐古趣味に浸る趣味はありませんが、久しぶりに手元に残っているプログラムを眺めていると、何かこれはこれでまとめておきたい気持ちが湧いてきました。

以前から、和田誠さんの『お楽しみはこれからだ』シリーズは愛読していましたし、川本三郎さんの『美女ありき』、川本さんと逢坂剛さんとの共著『わが恋せし女優たち』、山田宏一さんと和田さんの対談『たかが映画じゃないか』など、映画に関する本などを読むと、著者の方々と年齢的に近いせいか（逢坂さんと同い年）共通した映画の話題が載っていることが多く、大いに楽しませていただいたものでした。

とにかく、モノをよく取っておく子供だったので、書籍も含めてパンフレット、プログラム、チラシの類の印刷物をやたら貯めておくのが好きだったようです。あまり意識していたわけではありませんが、この本に収めた映画のプログラム（パンフレット）はもちろん、お芝居からコンサート、バレエ、オペラ、古典芸能に至るまで、今でも結構残っています。

最近でこそあまり買わなくなりましたが、中学から高校・大学にかけての時期

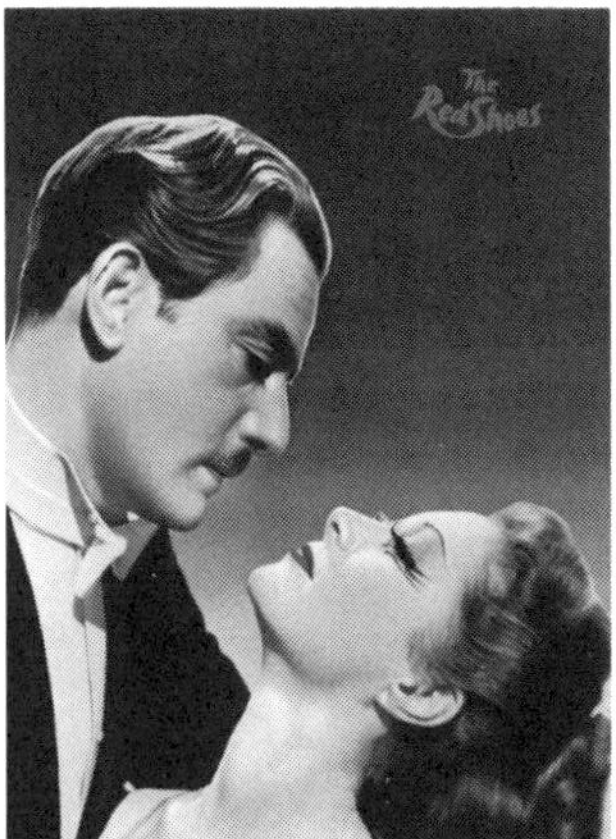

一番古い洋画プログラムは？

本書では、昭和30年から昭和63年（１９５５－88）までの、筆者がリアルタイムで観た洋画のプログラムを集めたものを紹介している。それ以前に観た映画プログラムで一番古いと思われるのが、この『赤い靴』だ。日本では初公開は50年なので、多分その後の再上映で観たプログラムではないかと思われる。なにせ半世紀以上の前のことなので上映館も覚えてはいない。

『赤い靴』 The Red Shoes（１９４８年製作）

が一番映画を観ていたせいか、その頃からのものはかなり残っています。もちろん邦画もたくさん観ていますが、どちらかといえば洋画ファンだったので洋画のプログラムが圧倒的に多く、本書も洋画のみで構成し、年代も私が映画を観だした昭和30年から昭和の末年までに絞りました。改めて一冊一冊手元にあるプログラムを繰ってみると、当時の頃が思い出されて、執筆中はなんとも言えぬ懐かしさに浸ったものです。

いわゆるコレクターではないので、手元にあるのはすべて私自身がリアルタイムで観たときに購入したものばかりです。後からコレクションとして買い集めたものは一冊もありません。観たはずなのに、手元にプログラムが残っていない映画もずいぶんありますから、手元に残っているのは実際に観た映画の半分程度でしょう。

なぜ、こんなに映画を観ていたのか、それは当時、父がシナリオライター兼映画会社の企画マンとして働いていたことが大きかったように思います。東宝系の映画会社でしたから、東宝系映画館の招待券が余ったものを私がもらって行ったのです。それなので東宝系映画館で観た映画が多く、多少手元にあるものに偏りがあることは否めません。もちろんお金を出して他の映画館にも数多く行っていました。その中で現在まで残っているおよそ８００冊の中では、本に掲載できなかったものも数多くあります。それでもかつてはこんな映画があったということを、多くの方々に知っていただければ望外の喜びです。

監督・製作・脚色：マイケル・パウエル
原作・脚色：エメリック・プレスバーガー
出演：モイラ・シアラー、アントン・ウォールブルック、マリアス・ゴーリング

一番豪華なプログラムは？

かつてのソ連がトルストイの『戦争と平和』（67年・丸の内ピカデリー公開）を映画化しようと思えば、どうしても国家の威信をかけた超大作にせざるをえないだろう。アメリカ映画の『戦争と平和』（ジャック・カーディフ監督・56年公開）も豪華だったが、それを上回る超大作にしなければならない。勢い、配給会社（日本ヘラルド）としてもそれに応えるべく、Ａ４版よりもさらに一回り以上大きく、３１０×３００㎜というサイズでしかも全40ページ厚手の上質紙を使用、中にはカラー版が別刷りで2葉も挟まれているといった豪華版だった。

ソ連版『戦争と平和』
監督・脚色：セルゲイ・ボンダルチェク
原作：レフ・トルストイ　脚色：ワシーリー・ソロビヨフ　出演：リュドミーラ・サベーリエワ、セルゲイ・ボンダルチェク、ビャチャスラフ・チーホノフ

それと私が観ていたのは、主として日比谷、有楽町、丸の内、銀座のロードショー館が中心でした。当時ロードショーの場合は映画館名がプログラムに刷り込まれていました。日本公開年とともに館名を表記したものは、あくまでも筆者が観た映画館での表記で、例えば関西圏でのロードショー館の事情などはまったく反映していないことは予めお断りしておきます。

このような私の極めて個人的な映画鑑賞の記録を、こうした形で出版していただいた言視舎の杉山尚次さんにはいくら感謝してもしきれません。

また、間接的にこうした映画本のきっかけを作ってくれた亡き父の新井一（1915－97）に、この本を捧げたいと思います。『喜劇駅前シリーズ』など数多くの映画・テレビ・ラジオのシナリオを執筆し、のちにシナリオライターの養成機関「シナリオ・センター」を興して、現在第一線で活躍する数多くのシナリオライターを育て上げました。今年でちょうど創立50年目の節目に当たるのも、何かの縁のような気がします。

現在、日本はもちろん世界的にも、新型コロナウイルス感染症が拡大している中にあって、これから新しい日常とはどんなものになるのでしょうか。やはり映画は映画館で見るのが一番です。映画館で心ゆくまで安心して観られる日が1日も早く訪れるのを願うばかりです。

２０２０年７月　巣ごもりの中で

新井　巖

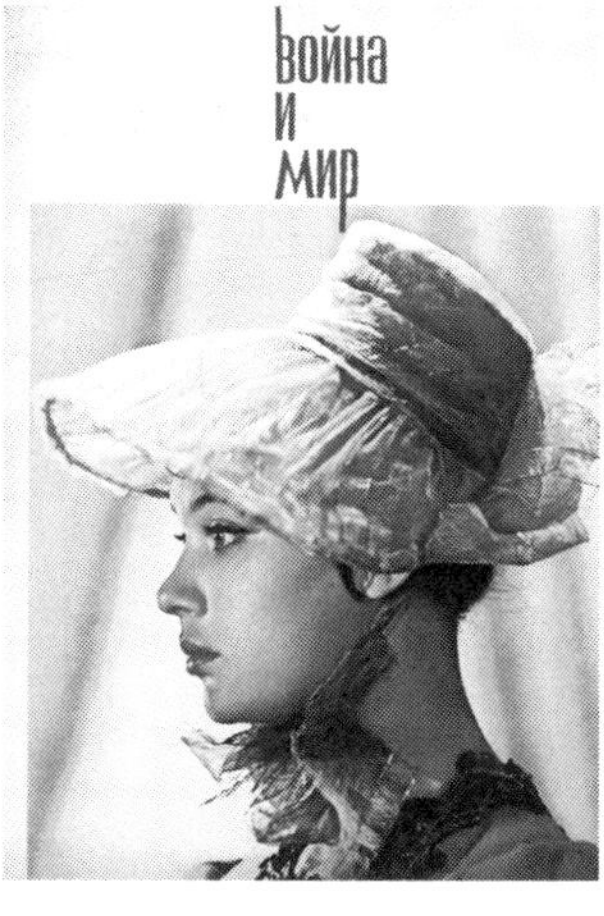

本文中の題名の下に表示しているカッコ内は、原則として製作年ではなく、日本での公開年を表記した。さらに日本初公開時に私がリアルタイムで観た劇場名も表記した。とくに明示していないものは、上映館が不明もしくは調査しきれなかったものである。

目次

第2部　たかがプログラム、されどプログラム

第1部

思い出の洋画プログラム

(1955～88)

本文で紹介できなかった西部劇のパンフレットたち

ジェームス・ディーンが死んだ日

1955年9月30日

終戦から数えてちょうど10年目という1955年は、いろいろな意味でそれ以前とは異なった状況を生み出したと言えるかもしれない。翌年の経済白書で、中野好夫の論文から引用された経済白書での「もはや〈戦後〉ではない」というフレーズに象徴されるように、戦後の復興過程を終えたという日本経済の成長は、さまざまな分野にも影響を及ぼしている。

一方、海の向こうの映画界では、彗星のように現れた青年俳優が、わずか1年でその星のごとく消えていった。ジェームス・ディーン（1931〜55）である。1955年、『エデンの東』（エリア・カザン監督）で、事実上のデビュー（それ以前も、端役やエキストラでは出演していたが）を果たし、第2作の『理由なき反抗』（ニコラス・レイ監督）公開時のわずか26日前の9月30日には、ジミー（彼の愛称）は交通事故のために亡くなっていた。翌年公開の第3作目の『**ジャイアンツ**』（ジョン・スタージェス監督）では、すでにジミー伝説は不動のものとなっていたのである。

残念ながら日本での公開時（『エデンの東』日本公開＝55年10月4日、『理由なき反抗』日本公開＝56年4月5日）には観てはいない。かろうじて『ジャイアンツ』（日本公開＝56年12月19日）だけは三番館で見た記憶があり、プログラムが手元にあるのはこれだけだった。

日本ではこの年、石原慎太郎の『太陽の季節』がベストセラーとなり、翌年には芥川賞を獲得した。いわゆる「太陽族」が流行ったのもこの頃である。この人気に乗じて、慎太郎の弟・裕次郎が映画界にデビューして、その後長い間人気を誇った。

フランスでは、アラン・ロブ＝グリエが、新しい小説「ヌーヴォー・ロマン」

『ジャイアンツ』Ｇｉａｎｔ　(1956年・日比谷映画公開)
監督：ジョージ・スティーヴンス　原作：エドナ・ファーバー 脚本：フレッド・ガイオル、アイヴァン・モファット　出演：エリザベス・テイラー、ロック・ハドソン、ジェームス・ディーン＊このプログラムは、ロードショ公開時ではなくその後に公開されたときのもの。

を提唱し、クロード・シモン、ミシェル・ビュトールなどが日本でも翻訳され、話題を呼んだ。ジャズでも、マイルス・デイヴィスが「クール・ジャズ」を完成させ、50年代のモダン・ジャズ界を牽引した。

ネットで公開されている東宝の「直営洋画劇場上映作品1955－1964有楽町、ロードショー（洋画）劇場上映作品リスト」の、1955年（昭和30）の年表には、日比谷映画劇場、有楽座、帝国劇場、丸の内東宝、スカラ座、テアトル東京の6劇場が並んでいる（この中でテアトル東京のみ58年から東宝系列）。ちょうどこの時期から、筆者の映画館通いが始まったと言っていい。数冊を除けば手持ちのプログラムも、この時期から急激に多くなった。

有楽町に戦前からあった東京宝塚劇場は、1951年の講和条約締結から4年経って、ようやくアメリカ軍からの返還を受け、アメリカ軍が名付けた「アーニー・パイル劇場」から「東京宝塚劇場」へと名前を復したのであった。この年の4月15日に新装再開場して、ジュディ・ガーランド主演のミュージカル映画『スタア誕生』（54年製作）で幕を開けた。

日比谷映画劇場は、戦前の1934年（昭和9年）に開場した、主として洋画の上映館であった。ただし戦時中は当然邦画が中心になっていった。日比谷映画と有楽座が84年10月に閉場するにあたって発行された「生まれて半世紀！さよならFestival」という冊子の年表によると、終戦翌年の46年から、日比谷映画は『ヨシワラ』（マックス・オフュルス監督）という洋画を皮切りに15本上映しており、

この当時、イタリアのドキュメンタリー映画『緑の魔境』など、多くの優れた記録映画が続々公開された

その後も順次洋画上映が増え、48年には『美女と野獣』をはじめ26本を洋画で占めている。ちなみに『ヨシワラ』は、戦後上映されたフランス映画第1号で、早川雪洲、田中路子などが共演した36年に製作されたものだそうな。

有楽座も、1935年（昭和10）に開場した演劇を主とした劇場だった。戦後間もなくから開場して、49年からマレーネ・ディートリッヒとジャン・ギャバンが共演した『狂恋』（ジョルジュ・ラコンプ監督）など9本の洋画を上映するなど演劇との並行で興行していたが、51年から映画館に転身し東宝系洋画ロードショー館として、以後多くの大作映画が上映されている。のちに有楽座の解体に伴い、ニュー東宝が有楽座として改称された時期もあったが、今ではすべてTOHOシネマズ日比谷のシネマ・コンプレックスに吸収された。

帝国劇場は、言うまでもなく1911年（明治44）に日本を代表する劇場として建設された由緒ある劇場で、戦後も45年10月には早くも復興開場した。その後は歌舞伎、演劇、クラシック音楽、オペラなどが上演され、映画も48年（昭和23）に『悲恋』（ジャン・ドラノワ監督）が上映されてから、映画上映も積極的に行なわれた。55年（昭和30）になって、巨大映画スクリーンが設置されて、シネラマ上映劇場として『これがシネラマだ』（メリアン・C・クーパー、ロバート・L・ベンディック製作）を、360日にわたって上映している。シネラマ上映館としては64年から翌年にかけて上映された『アラビアのロレンス』（デヴィット・リーン監督）が、127日間のロングランをへたのちに休館し、演劇専門劇場と

『アラビアのロレンス』名匠デヴィット・リーンのメガホンで、ピーター・オトゥール、オマー・シャリフ、アレック・ギネス、アンソニー・クインが共演した超大作　＊これは関係者用に配布されたプレスリリース

して再開して今日に至っている（資料：『帝劇の五十年』東宝発行）。

55年は、この他にも「丸の内東宝」「スカラ座」など日比谷にあった東宝系の映画館が、次々と開場した時期でもあった。

手元にあるプログラムで古いものといえば、この年の日比谷映画での第2作目ジェームズ・スチュアート、グレース・ケリー出演の『裏窓』（アルフレッド・ヒッチコック監督）、イタリアの記録映画**『緑の魔境』**（ジャン・ガスパレ・ナポリターノ監督）は、有名な探検家レオナルド・ポンティ製作によるものなどがある。その後**『失われた大陸』**（56年公開）もこのチームで製作している。同種のドキュメンタリーとして海底探検の『青い大陸』（55年・丸の内日活公開）も興味深い映画だった。

続いての上映作品は、シンデレラの童話をバレエ映画化したレスリー・キャロン出演の**『ガラスの靴』**（チャールス・ウォルタース監督）のプログラムも残っている。相手役の王子には、その当時エリザベス・テイラーの2番目の夫であったマイケル・ワイルディングが扮していた。

この年の同劇場での上映作品は全部で21本。『雨の朝巴里に死す』（エリザベス・テイラー主演）、『日本人の勲章』（スペンサー・トレイシー主演）、『悪魔のような女』（シモーヌ・シニョレ主演）、『暴力教室』（グレン・フォード主演）、『チャタレー夫人の恋人』（ダニエル・ダリュー主演）などの話題作が続々上映された。

名作『リリー』の主なスタッフが再び製作したレスリー・キャロン出演のバレエ映画『ガラスの靴』

『失われた大陸』製作者レオナルド・ポンティを隊長にして東南アジアを探検した記録映画（有楽座公開）

丸の内東宝を覚えていますか？

丸の内東宝という映画館を覚えているだろうか。現在は有楽町マリオン（有楽町センタービル）となっているが、それ以前は１９８１年まで日劇（日本劇場）があった。その日劇の地下にあったのが、１９５５年から開場している「丸の内東宝」であった。

丸の内東宝は、同年2月10日に『高校三年』というイタリア映画によって開幕した。ローマの高校三年生の青春群像を描いた作品らしいが、未見である。この年は丸の内東宝で21本の映画が上映されている。記憶をたどると、同年に上映された『ドン・カミロ頑張る』『夜の来訪者』『アラモの砦』などは観ているはずだが、手元には『**白昼の対決**』というプログラムしか残っていない。

題名が示すように、典型的な西部劇だが、この映画の主演・監督・製作を担当したのがレイ・ミランドであった。イギリスの出身で、戦前からハリウッドで活躍し、１９４５年製作のビリー・ワイルダー監督の『失われた週末』では、アカデミー賞主演男優賞とカンヌ映画祭主演男優賞を取って、従来の端正な二枚目俳優から演技派俳優としての評価を高めた。さらにヒッチコック監督の『ダイヤル

M を廻せ』（1954）で、その地位を不動のものにした。こうした演技派という評価から監督も兼ねるようになり、この作品が監督第1作である。その後も2、3作品は撮ったらしいが不明だ。この映画の冒頭シーンは、約15分間もセリフなしで進行している。やたらセリフでドラマを進行させようとする昨今の制作状況からすると、大いに参考にしてほしい映画だ。

相手役は、西部劇にはお約束の清楚な娘役としてメリー・マーフィー。他にジョン・フォードの西部劇にはおなじみの名脇役ワード・ボンド、『裏窓』のレイモンド・バーやリー・ヴァン・クリーフなどが脇を固めていた。

当時の東宝系列のロードショー劇場の中でこの丸の内東宝は、いささか乱暴な

『白昼の対決』A MAN ALONE
監督：レイ・ミランド　原案：モート・ブリスキン　脚色：ジョン・カッター・バトル　出演：レイ・ミランド、メリー・マーフィー、ウォード・ボンド、レイモンド・バー
（表紙は、レイ・ミランドとメリー・マーフィー）

言い方をすると、今でいうB級洋画を上映する映画館というイメージが強かった。あえて色分けをすると、日比谷映画がメインの洋画ロードショー館とすると、有楽座、帝劇は比較的大作が多いといった感じ。スカラ座はやや洒落た映画が多かったし、1962年から開館したみゆき座は、厳選されたヨーロッパ映画を上映すると宣言していた。とはいえ、当然のことながら配給会社としては集客数の予測などから上映館を振り分けるのであろうし、必ずしも今挙げたような傾向のものばかり上映されていたわけではない。

丸の内東宝に戻れば、手元にある56年のプログラムからすると、ロリー・カルホーン主演の西部劇**『ボスを倒せ！』**（ジャック・アーノルド監督）、ジョン・ペイン主演の犯罪活劇物『悪の対決』（アラン・ドワン監督）、アラン・ラッド主演のインド独立時代を描いた『東方の雷鳴』（チャールズ・ヴィダー監督）、ロバート・テイラー主演の騎士もの『古城の剣豪』（リチャード・ソープ監督）、ダナ・アンドリュース主演の新聞社を舞台にしたミステリー物『口紅殺人事件』（フリッツ・ラング監督）、ウォルター・ピジョン主演のSFものの**『禁断の惑星』**（フレッド・M・ウイルコックス監督）、グレン・フォード主演の典型的な西部劇**『必殺の一弾』**（ラッセル・ラウス監督）の7本が残っている。

いずれの映画もあえてB級というわけではないが、それぞれの主人公に絡む女優陣の顔ぶれを見ると、今にして思えば懐かしい。

『ボスを倒せ！』では、のちに『走り来る人々』（ヴィンセント・ミネリ監督）で

『ボスを倒せ！』ロリー・カルホーンにマーサ・ハイヤーが出演した西部劇

『禁断の惑星』ウォルター・ピジョン出演の当時としては画期的な発想で製作されたSF映画

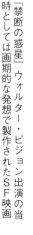

アカデミー助演女優賞にノミネートされたマーサ・ハイヤーが出ていた。彼女は、『麗しのサブリナ』にも出ていたが、ジェリー・ルイス主演の『紐育ウロチョロ族』でも相手役を務めていた。

『悪の対決』では、アイリーン・ダール、ロンダ・フレミングが共演、『東方の雷鳴』では、デボラ・カーが盲目の娘を演じていた。この映画では他にもシャルル・ボワイエが平和主義を信奉するインド人役で出演している。

『古城の剣豪』では、デボラ・カーと同じく端正なイギリス女優のケイ・ケンドールが相手役。『口紅殺人事件』というベタなタイトルではあるが、ロンダ・フレミングが妖艶な社長夫人に、他に名脇役のジョージ・サンダースとトーマス・ミッチェルが重要な役を演じている。

『必殺の一弾』では、ジーン・クレインが相手役だが、敵役でおなじみのブロードリック・クロフォードがお約束のようにグレン・フォードとの一対一の決闘シーンが見ものだった。

57年の丸の内東宝の上映作品は全部で24本。ちょうど1カ月に2本の割合で上映された勘定になるが、そのうちの11本のプログラムが手元にある。西部劇はそのうち4本で、まさにアメリカの嵐寛寿郎といった趣のランドルフ・スコット主演**『勇者の汚名』**（アンドレ・デ・トス監督）、チャールトン・ヘストン、ギルバート・ローランド、トム・トライオンがタイトル通りに演じた**『三人のあらくれ者』**（ルドルフ・マテ監督）では、アン・バクスターが共演していた。ジョージ・

早撃ちの父を持った実直な男が、その復讐にたつというグレン・フォード主演『必殺の一弾』

西部劇の帝王ランドルフ・スコットのガン・ファイトの中でも渋さが際立つ『勇者の汚名』

モンゴメリー主演の**『荒野の無頼漢』**（ポール・ランドルス監督）の共演の女優はメグ・ランドールだが、どうも印象は薄い。そしてバリー・サリヴァン主演の**『ドラゴン砦の決戦』**（ハロルド・シュスター監督）では、相手役のモナ・フリーマンより、ケティ・フラードの妖艶さが印象に残った。ジェフ・チャンドラー主演**『白人部隊撃滅』**（ジョージ・マーシャル監督）では、いかにもアメリカ娘という１９５６年度のアカデミー助演女優賞を獲得したドロシー・マローンが相手役。この映画ではアパッチ族と騎兵隊の対決という西部劇の典型的な筋立てだが、今ではこうした映画は作りようもないだろう。アメリカにおいて西部劇が「滅亡」に向かった典型的な例とも言えよう。とはいえ、50年代はまだまだインディアン（現在では、ネイティブ・アメリカンと称する）と白人騎兵隊との対決という筋立てがまかり通っていたのである。

　このほか、今にして思えばインディ・ジョーンズの原型ではないかと思われるような筋立ての**『インカ王国の秘宝』**（ジェリー・ホッパー監督）も、チャールトン・ヘストン、ロバート・ヤング（彼はのちにテレビドラマ『パパは何でも知っている』で、日本のお茶の間でも圧倒的な人気を博した）、トマス・ミッチェルといった配役で忘れがたいが、この年に丸の内東宝で上映された映画で最も印象残っているのが、スターリング・ヘイドン主演の**『現金に体を張れ』**である。現金にわざわざ「げんなま」とルビを振ったタイトルがまず印象的だった。もっともジャン・ギャバン主演の『現金に手を出すな』（55年公開）でも、「げんなま」と読ま

ヘストン、ギルバート、トライオンの三人にアン・バクスターが絡んだ『三人のあらくれ者』

ヘストンとヤング扮する探検家は、後のインディ・ジョーンズを思わせる『インカ帝国の秘宝』

せていたのを思い出した。

この映画の監督は、のちにさまざまな問題作を放つ鬼才のスタンリー・キューブリック（当時のプログラムでは、カブリックと表記されていた）。

ダービーの競馬場で騒ぎを起こし、その隙に売上金を奪うという周到な計画をたて実行する主人公が、強面のスターリング・ヘイドン。それをモノクロ映像のドキュメンタリー・タッチで展開するカメラワークは、さすが元「ルック」のカメラマンであったというキューブリックならではの手法だ。どんでん返しのラストシーンも印象的だった。


『現金に体を張れ』キューブリックの出世作。無表情で行動するヘイドンの強面が迫力があった（86ページ参照）

シネラマが珍しかった時代

なんと言っても、あの時代の大型映画「シネラマ」の出現は大きな話題だった。今から考えれば、3つの映写機から1つのスクリーンに3つの映像を同時に映写させるというのは実にアナログ的な発想だが、実際に当時それを見た時は、その迫力に圧倒された記憶がある。その当時、すでにシネマスコープも出始めた頃だったから、それより大きく映写される湾曲したスクリーンを見たときは、2筋の継ぎ目さえさして気にならなかったような気がする。

帝劇で55年に公開された最初のシネラマは、その名も『これがシネラマだ』というシンプルというか、ベタなタイトルではあったが、お正月の4日に公開されてから350日という超ロングランの上映であった。その年の12月20日に第2弾『**シネラマ・ホリデー**』が公開され、これも451日のロングランであった。いずれもドラマ仕立てではなく、世界各地を巡っての映像美をひたすら見せるというものであった。第2弾の『シネラマ・ホリデー』のプログラムが手元に残っているが、表紙を開けると最初のページには英文で製作者のS・H・ファビアンのメッセージが入り、次のページを開けると「シネラマとはどんなものか?」という説明が図解入りであり、さらにページをめくると「The Production Story」が英文で2ページにわたり紹介される。日本語で書かれた記事はその後の「製作余話」が2ページと「録音にあたりて」が1ページ、あとは英文と日本語併記でシネラマ・ホリデーのコンテンツが紹介されているという構成だ。どうもこれは、日本人観客だけでなく、当時まだ駐留していた米軍関係の観客をも狙った上映だったのではないかと想像される。裏表紙の表記も、IMPERIAL THEATRE「Tokyo Japan とのみ記されている。ちなみに、日米講和条約は52年に発効されたが、まだまだアメリカ軍の影響が残っていた時代であった。

このシネラマを売り物にした映画は、その後も『世界の七不思議』『世界の楽

シネラマ・ホリデー』CINERAMA HOLIDAY
監督：ロバート・ベンディック、フィリップ・デラシー　脚色：オーティス・カーニー、ルイ・デ・ロシュモン3世　下はプログラムの内側

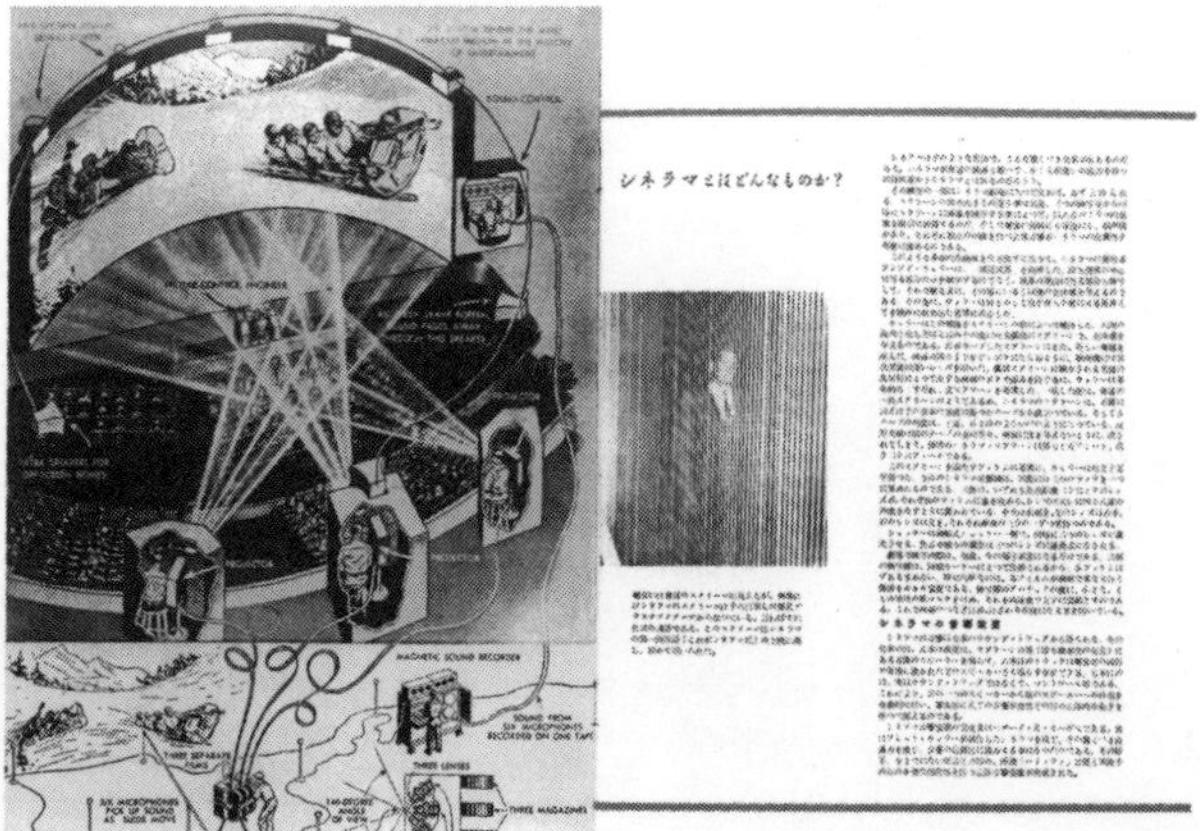

シネラマの上映形態を図解入りで説明している（中面）

園』といった、やや見世物的と言って悪ければ観光映画的な映画が続いた後に、劇映画として採用されたのは62年製作の『西部開拓史』と『おかしな、おかしな、おかしな世界』だった。

前者の『西部開拓史』（62年・テアトル東京公開）は、ジョン・フォードら4人の監督が、文字通り西部がいかにして開拓されたかを1830年代から80年代にかけてその中に生きた三代にわたる開拓家族の歩みを5話のオムニバス形式でドラマ化した、ごくごく真っ当な西部劇であった。何しろ上映時間は165分という長尺、まさに大河ドラマを見るイメージだった。

それに比べると**『おかしな、おかしな、おかしな世界』**（63年・松竹セントラル公開）は、文字通り「おかしな、おかしな、おかしな」映画であった。監督は大御所スタンリー・クレイマーで、どちらかといえば重厚でシリアスな映画を撮っていた監督というイメージがあったが、シネラマ方式で撮った大作がこういったスラップステックな映画というのが面白かった。さすがクレイマー監督のお声がかりか、アメリカ中のコメディアンたちが全員集合。それにスペンサー・トレイシーといった超ベテランも加わるというのだから、単なるドタバタ喜劇では終わらない。ちなみに、このプログラムを見ると、今まで3本の映写機を同時に流すという形式だったものが、1本のレンズで映写するという初の試みの映画だったらしい。これ以降、シネラマは次第に70ミリ映画に移行していく。

その後の劇映画として出色だったのは、なんと言っても68年テアトル東京公開

『おかしな、おかしな、おかしな世界』巨匠クレイマーが撮ると当時の大物俳優やコメディアンたちが大集合

の『２００１年宇宙の旅』で、１６３日間のロングランだった。そしてシネラマを謳った最後?の映画が、あの**『スター・ウォーズ』**（78年・テアトル東京公開）第１作目だったというのも懐かしい思い出だ。ちなみにこの時は、１２６日間のロングラン上映だった。

『スター・ウォーズ』当時から現在まで続くシリーズ化の構想があったのだろうか。その着想の緻密さに感動する

銀幕の貴婦人デボラ・カー

初めてデボラ・カー出演の映画を観たのは、1956年5月に丸の内東宝で公開された『東方の雷鳴』であった。同じ年の10月に、『**王様と私**』も有楽座で公開された。中学一年の時であった。

川本三郎さんは、『美女ありき』などの著書の中で「正直、十代の頃はなかなか魅力がわからなかった。大人になってビデオで見直すようになってからようやく、そのエレガントな美しさがわかるようになった」と述べているが、中学生の筆者は、若輩ながらなぜかあの理知的でエレガントな佇まいに魅せられてしまった。

『**東方の雷鳴**』は、デボラ・カーの作品の中では必ずしも代表作には数えられていないが、共演はアラン・ラッドで、それにシャルル・ボワイエ、コリンヌ・カルヴェが出演していたインド独立間もない頃が舞台の映画。デボラ・カーは盲目の伝道師の娘という設定で、ヒンドゥー語のセリフも喋るという難しい役だった。それに比べると『王様と私』の方はユル・ブリンナーを相手に、頑なな王様の心を溶かすイギリス女性という役だから、いかにものびのびと堂々とした演技を繰

『東方の雷鳴』のインド独立戦争前後という舞台設定は、当時としては珍しかった

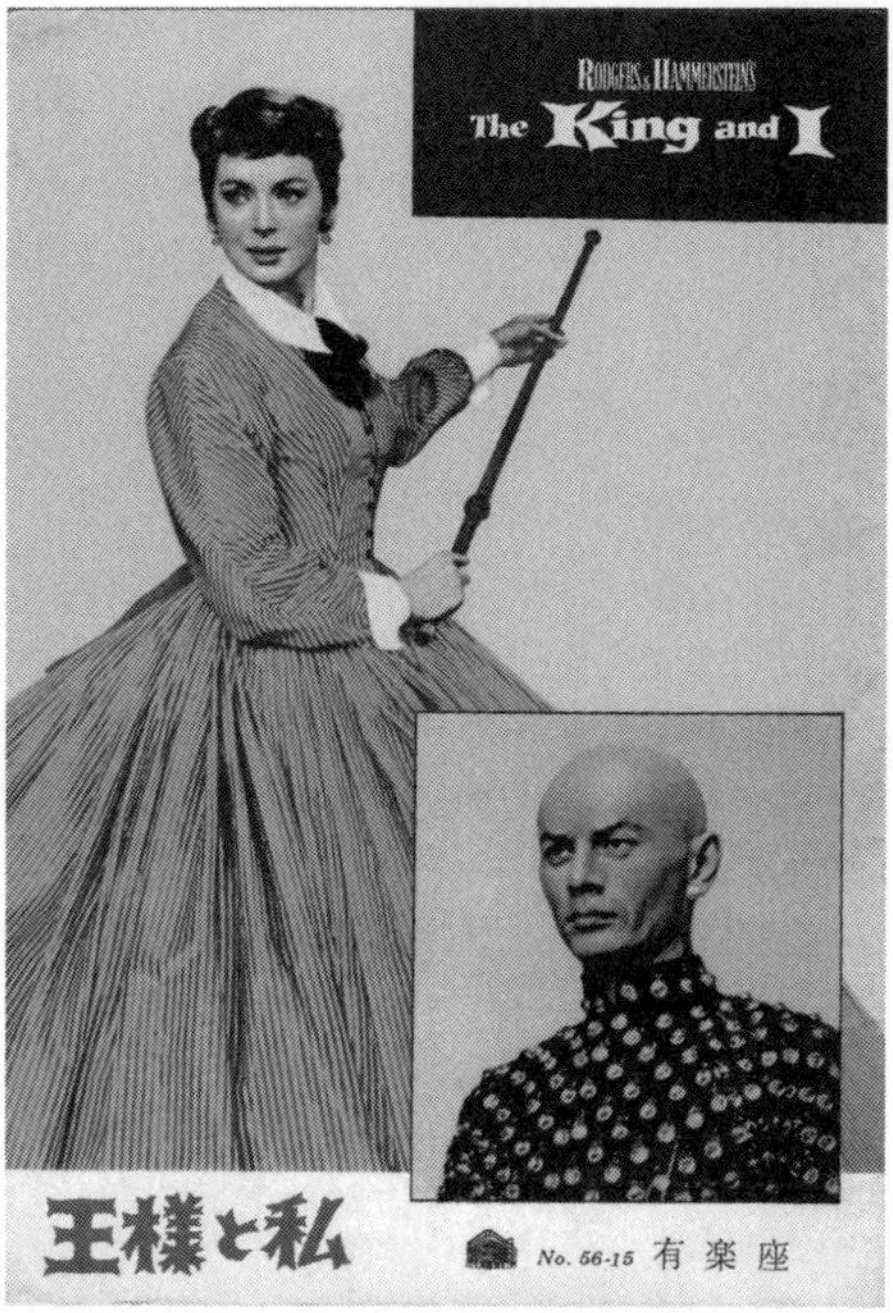

『王様と私』 THE KING AND I
監督：ウォルター・ラング　原作：マーガレット・ランドン　脚色：アーネスト・リイマン　出演：デボラ・カー、ユル・ブリンナー、リタ・モレノ、マーティン・ベンスン

り広げていた。さすがに元バレリーナだっただけに、あのシャル・ウィ・ダンスのシーンは圧巻だった。もちろん、その頃の筆者は、彼女が将来を嘱望されたバレリーナだったが、背が高すぎて女優に転身したことなどは知る由もなかった。

その後に観たのが、いずれも57年公開の**『めぐり逢い』**（有楽座）と**『悲しみよこんにちは』**（スカラ座）だった。前者は、レオ・マッケリー監督が以前にも製作したものの再映画化。相手役がケーリー・グラントという典型的な悲恋映画。後者は、当時人気だったフランソワーズ・サガンの処女作の映画化だったので、当時愛読していた小説がどのように映像化されるのか興味深かった。観るといかにもアメリカ映画（オットー・プレミンジャー監督）らしいタッチで、正直、

デボラの出世作のひとつ『黒水仙』＊初公開当時ではなくのちになっての再上映（丸の内松竹）で観たもの

ちょっと失望したのを覚えている。デボラよりも、ジーン・セバークの多感でシニカルな少女の役が眩しかった。

デボラの出世作だった『**黒水仙**』（51年公開）は、さすがにリアルタイムでは観ていない。のちになって、丸ノ内松竹で再上映された時のプログラムが残っていた。

意外にデボラのキャラクターにあった映画といえば、スタンリー・ドーネン監督の『**芝生は緑**』（61年・スカラ座公開）といったラブ・コメものだ。この映画は、『めぐり逢い』でも共演したケーリー・グラントで、さらにロバート・ミッチャムとジーン・シモンズが絡むという洒落た展開が楽しかった。ここでは、彼女はイギリス貴族の妻を演じている。同じ傾向の映画としては、『結婚専科』（66年・丸の内ピカデリー公開）も観ている。共演は、フランク・シナトラとディーン・マーティンで、これにデボラが絡む三角関係のラブアフェア・ドラマだったが、彼女の肩を抜いた演技がまたいい。シナトラの娘のナンシーもちょい役だが出演していた。

もう一本、印象深かったのはジャック・クレイトン監督『**回転**』（62年・みゆき座公開）だ。ヘンリー・ジェームスの『ネジの回転』が原作だが、亡霊にとりつかれた子供達を教える家庭教師役というのは、なんともデボラの柄にハマったキャスティングだった。プログラムをひっくり返したら、脚本にトルーマン・カポーティが名を連ねているのを発見した。

『芝生は緑』こういったスタイリッシュなコメディを撮らせたらドーネン監督の腕が冴える

『めぐり逢い』マッケリー監督が同じ素材に再度挑戦したオーソドックスな悲恋もの

彼女は、アカデミー賞の主演女優賞に六度もノミネートされながら、一度も獲得できなかった悲運の演技派女優であった。晩年の73歳になってアカデミー賞から名誉賞を受けてはいるが、ユーチューブでその模様を見ると、ちょっと辛くなった。

『回転』の家庭教師役は、一番デボラの柄にあっていた役柄かもしれない

マリリンとスーザン

手持ちのプログラムをひっくり返してみて、意外なほどマリリン・モンローの映画はあまり観ていなかったことに気づいた。別に彼女が嫌いではないし、それなりに観ていたつもりではあったが、手元にあるのはわずかに『**王子と踊り子**』（57年・日比谷映画公開）の一冊きりだった。

この映画は、ローレンス・オリヴィエ自ら製作・監督・出演したもので、1911年のジョージ5世の戴冠式に、ヨーロッパの架空の小国カルパチア国の摂政チャールス大公殿下と、ひょんなことから出会った踊り子との悲恋ストーリーである。当時、押しも押されもしない演劇界の大御所サー・ローレンスからのご指名で、そろそろ肉体派女優としてよりも演技派として開眼したかったモンローとの組み合わせは、確かに興味深い取り合わせであった。もともとは、オリヴィエと、妻のヴィヴィアン・リーが共演するはずだった舞台劇が原作という。

実は、この映画撮影中の裏話が、2011年に制作されたサイモン・カーティス監督『マリリン7日間の恋』（12年公開）になっていたことを思い出した。

こちらの方の話は、こうだ。この『王子と踊り子』の撮影当日、マリリンは一向に撮影現場に現れない。業を煮やしたオリヴィエ監督は、助監督だった青年コリンを呼びにやるとそこに緊張と焦燥で疲れ切っていたマリリンがいた。その傍らには、彼女の演技コーチのポーラ・ストラスバークがついており、「彼女はまだ準備できていないと伝えて」とだけ言い渡されて部屋を追い出される。その後は、同情した助監督とマリリンの間につかの間の恋が芽生える……というものだったが。

さて、本筋はそちらの話ではなく、この演技指導をしていたのが、有名なニューヨークのアクターズ・スタジオでの主宰者リー・ストラスバークの妻であったというところが面白い。アクターズ・スタジオといえば、ジェームス・

『王子と踊り子』THE PRINCE AND THE SHOWGIRL
監督：ローレンス・オリヴィエ　脚本：テレンス・フラナガン　出演：マリリン・モンロー、ローレンス・オリヴィエ、シビル・ソーンダイク

ディーンやマーロン・ブランドを輩出した演劇研究所である。二人の間には娘がして、この『王子と踊り子』の翌年に上映された『**女優志願**』（58年・有楽座公開）で鮮烈なデビューを飾るスーザン・ストラスバークであった。さすがに、カエルの子はカエルで、新人離れしたしかも新鮮な演技のスーザンは、ヘンリー・フォンダ扮するプロデューサーとの葛藤と、若い劇作家クリストファー・プラマーとの恋に揺れ動く女優志願の娘を見事に演じきっていた。この映画は戦前にキャサリン・ヘップバーンが演じた「勝利の朝」というもののリメイクだそうな。改めてプログラムをめくって吹き出した。監督紹介のところで、シドニー・ルメット（クレジットでは正確にこう書いてあるが）が、シドニー・ヘルメットになっているのだ。これには笑えた。

なにやら三題噺めくが、ブロードウェイを目指す俳優・女優はそれこそ熾烈な競争の中で、やっと役を摑み取るのだ。そして、その芝居の浮沈を握るのが初日の劇評を書く大物コラムニストであり、それによって芝居の興行が成功するかどうかが決まるという。そんな内幕物を描いたのがバート・ランカスターとトニー・カーティスが共演した『**成功の甘き香り**』（57年・パンテオン公開）だった。大物コラムニストのランカスターが、プレス・エージェントでいつかは大物コラムニストにのし上がりたいと思うカーティスとの確執を描かれているが、結局その夢が打ち砕かれるという筋立てだ。題は、いつかは成功という名の甘い香りに酔いたいという願望を象徴しているようだ。

ブロードウェイで舞台に立つことがいかに難しいかということを知る『女優志願』

『成功の甘き香り』ランカスターとカーティスによるブロードウェイ劇界の内幕もの

スキーの貴公子トニー・ザイラー

筆者が高校一年生の時に、初めてスキーをした場所が新潟県の岩原スキー場であった。その時に同じゲレンデで滑っていたのは、誰あろう。当時人気絶頂だったゲレンデの貴公子、トニー・ザイラー（1935－2009）だった。

彼は、1956年の第7回冬季オリンピック（コルチナ・ダンペッツィオ）で、スキーのアルペン競技で完全制覇（滑降、回転、大回転）を成し遂げて世界中を驚かせた名スキーヤーである。その端正で甘いマスクを、映画界は放っておかなかった。

その第一作『はかなき天国』（日本未公開）では、スキー選手としてではなく純粋な俳優としてデビューを果たした。そして第二作の『黒い稲妻』（59年公開）は、スキー場面の多い彼本来の魅力を十分に発揮した作品で、日本で公開された第一作となった。筆者は、これも観ているはずだが、手元にプログラムはなく、日本公開（60年）の第三作目の**『白銀は招くよ！』**（スカラ座公開）と、翌年公開された**『白銀に躍る』**（スカラ座公開）のプログラムだけが残っている。

トニー・ザイラーは、1935年、オーストリアのキッツビュールで生まれた。

フィギュア・スケートの加点演技で有名になったイナ・バウアーも見られる『白銀は躍る』（右がバウアー）

『白銀は招くよ！』12MADCHEN UND 1 MANN
監督：ハンス・クヴェスト　出演：トニー・ザイラー、マルギット・ニュンケ
なんといってもザイラーのスキー・シーンが売り物で、それに若い 12 人の娘が絡む青春映画

家業はブリキ職人だったが、両親とも優れたスキー選手で、二人の姉も一流スキーヤーだった。彼自身もそうした環境の中でめきめき頭角を現し、16歳の時の国際大会で優勝してオリンピック候補選手にも選ばれたが、その前に運悪く骨折し、ようやく次のオリンピックに出場して見事に三冠を達成した。

『白銀は招くよ！』はサブタイトルに「ザイラーと12人の娘」とあるように、ザイラーに若手女優を絡ませたたわいのない冒険ストーリーで、彼のスキーの技術が存分に堪能できる作品であった。まだ当時は、スキーもそれほど多くの人が親しんでいたわけではないので、プログラムの中に、ラッセルとかシュプールといった今なら常識のような用語の解説も載っている。この映画がヒットした大き

『白銀は招くよ！』の中面

な要素の一つが、ザイラーのスキー・シーンであることは言うまでもないが、加えてザイラーに歌わせた主題歌がヒットした。しかも、オリジナル原盤だけでなく、和田弘とマヒナスターズやダークダックスなどが日本語で歌ったカヴァー盤もヒットした。

ちなみにこの曲を作曲したグローテは、ドイツ映画『朝な夕なに』の主題歌「真夜中のブルース」の作曲家でもある。

次いで『白銀に躍る』は、ザイラーのスキーに加えて、なんと、あの荒川静香の演技で有名になったフィギュア・スケートのイナ・バウアー（1941〜2014）が共演している。彼女の役は舞台女優を目指す美しい娘という設定で、これまた彼女の華麗なフィギュア・スケーティングの妙技が楽しめる趣向だ。ザイラー・ファンにとっては、スケート・シーンが多い（特に終盤の約30分にわたるアイス・ショーは、物珍しさはあったが当時の反応は鈍かった）ので、ちょっと物足りなかった映画だったかもしれない。

トニー・ザイラー関連ではないが、スキー映画として記憶に残るのが、アメリカのスキー映画の大御所ウォーレン・ミラーが製作した『白銀のシュプール』（68年・日比谷映画公開）である。アメリカをはじめヨーロッパ、ニュージーランド、そして日本などの世界の名だたるゲレンデで、ジャン・クロード・キリーをはじめ当時のトップ・スキーヤーたちが繰り広げるスキーの妙技がたっぷりと堪能できた。

『白銀のシュプール』グルノーブル五輪で三冠を達成したキリーも含め、当時の有名スキーヤーの妙技が楽しめる

キリーといえば、ザイラー以来のオリンピック三冠を果たした名スキーヤーであることは、今なお記憶に残る。彼が活躍した第10回冬季オリンピックは、あのグルノーブルだ。といえば、このオリンピックの記録映画クロード・ルルーシュ監督『白い恋人たち』（68年公開）のフランシス・レイの作曲した主題曲を思い起こさずにはいられない。ちなみに『白銀のシュプール』が10月公開で、11月には『白い恋人たち』が公開された。

西部劇はいつの頃の話か？

西部劇というと、なんとなくイメージとしては、アメリカの時代劇のような感じで受け取ってしまうが（筆者だけだろうか？）、たとえば有名な保安官ワイアット・アープが生きた時代を調べてみると、彼は１８４８年生まれで、１９２９年に亡くなっている。ガンマンとして生きたわりには、80歳で天寿を全うした。反対に、無法者として知られるビリー・ザ・キッドは、１８５９年に生まれ、わずか22歳で若死をしている。彼らの時代と日本とを比較してみると、ワイアット・アープが20歳になった時が明治元年、その年ビリーはわずか9歳。あのアープがドグ・ホリディとともに戦ったという映画でおなじみの『ＯＫ牧場の決斗』は、明治14年。ようやく国会が開設される詔が出て、２年後に鹿鳴館が建設された頃であった。ちなみにその年に、キッドは撃たれて亡くなっている。もっとも時代劇だって、たかだか１６０年ほど前には、チョンマゲに刀を差していた時代の話であるから、とくに驚くには当たらないが。

さて、映画のほうではワイアット・アープが活躍する『ＯＫ牧場の決斗』は、その名もそのままの１９６０年のジョン・スタージェス監督の作品に先立つこと

『左きゝの拳銃』ビリー・ザ・キッドの半生を当時若手だったポール・ニューマンが演じた西部劇

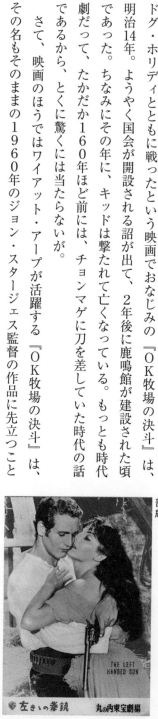

4年のジョン・フォード監督の『荒野の決闘』だが、評判の映画にしてはリバイバル上映も含めて残念ながら未見。双葉十三郎著『外国映画ぼくの500本』（文春新書）の中では、「枯淡の域への到達を感じる……静的な作品に仕上げている」と評している。

その点では『**OK牧場の決斗**』（57年・日比谷映画公開）は、まさに西部劇の醍醐味を存分に味わえる作品といえよう。伝説的保安官ワイアット・アープをバート・ランカスター、賭博師ドク・ホリデイをカーク・ダグラスが演じた。アープが心惹かれる女賭博師は、ロンダ・フレミング。敵方のクライトン一家の末弟のビリーを演じているのが、『イージー・ライダー』のデニス・ホッパーだった。

『ＯＫ牧場の決斗』GUNFIGHT AT THE O.K.CORRAL
監督：ジョン・スタージェス　原作：ジョージ・スカリン　脚色：レオン・ウーリス　出演：バート・ランカスター、カーク・ダグラス、ロンダ・フレミング、ジョー・ヴァン・フリート

音楽は数々のアカデミー賞を受賞しているディミトリ・ティオムキンが担当。渋い声のフランキー・レインが歌った主題歌が、当時のヒットパレードを賑わせた。

この他にも、ジョン・フォード監督『シャイアン』（64年公開）でも、ジェームス・スチュアート演ずるアープとアーサー・ケネディ演ずるドクも出てくるが、主役はリチャード・ウィドマークが演ずるアーチャー大尉だ。『墓石と決闘』（67年公開）なども、ワイアット・アープが活躍する映画として有名だ。

一方のビリー・ザ・キッドの方も多くの映画になっているが、意外に名画は少ない。その中でも、若き日のポール・ニューマンが主演した**『左きゝの拳銃』**（58年・丸の内東宝公開）は、当時としては異色の西部劇だった。のちに社会派の映画を多く撮ったアーサー・ペンのメガホンによるもので、同じ西部劇でもダスティン・ホフマン主演の**『小さな巨人』**（71年・有楽座公開）や、ボニー&クラウドを描いた名作『俺たちに明日はない』（67年公開）などの前身ともいえる作品だった。

キッドものでは、サム・ペキンパー監督でクリス・クリストファーソン主演の『ビリー・ザ・キッド／21歳の生涯』（73年公開）が記憶に残る程度だ。

西部劇の終焉

それでも、60年代から70年代頃までは西部劇も、そこそこ公開されていた。それ以前の、例えば『大いなる西部』などは、原題が「THIS IS BIG COUNTRY!」

『小さな巨人』 121歳のホフマンがかつての西部開拓史の裏面をインタビューで語るという構成はひねりが効いていた

というように、高らかに西部劇をうたった映画だった。監督は巨匠ウィリアム・ワイラー。主演もグレゴリー・ペック、チャールトン・ヘストン、ジーン・シモンズ、キャロル・ベイカー、パール・アイヴスそれにチャック・コナーズまで、豪華な顔ぶれでの正統西部劇だった。59年のお正月番組（58年12月25日封切）として松竹セントラルで公開されている。同じ年の夏休み番組としては、同劇場で公開されたエドワード・ドミトリク監督の**『ワーロック』**も、ヘンリー・フォンダ、リシャード・ウィドマーク、アンソニー・クイン、ドロシー・マローンというこれまた豪華な顔ぶれの大型西部劇だった。

しかし、60年代後半になると、西部劇も次第に下火になり（その理由はさまざまだが、インディアンとの対立という単純な図式への反撥など、多様な価値観がアメリカの中でも出てきたのも一因だろう）、例えば、インディアン（＝ネイティブ・アメリカン）と白人との対立という図式は同じだが、その描き方が変化した**『レッド・ムーン』**（69年・日比谷映画公開）などはその変化の典型だろう。グレゴリー・ペック、エヴァ・マリー・セント主演で、若手のロバート・マリガン監督作品。

さらにインディアンを扱いながら、従来の価値観を大胆に変えたのが、前述の**『小さな巨人』**（71年・有楽座公開）だった。ダスティン・ホフマンのキャラクターにもよるが、やはりニューヨーク派らしいアーサー・ペン監督の視点が大きく影響している。共演がフェイ・ダナウェイというのもちょっと意外だった。

『ワーロック』西部を渡り歩くシェリフが無法なカウボーイと対決するというオーソドックスな西部劇

『レッド・ムーン』インディアンとの抗争という図式だが、その描きかたに演出の視点が垣間見える

西部劇の盛衰

西部劇の帝王ジョン・ウェイン

かつては、西部劇の大御所スターといえばジョン・ウェイン（1907－79）と相場が決まっていた。大御所監督はジョン・フォード（1894－1973）、これも定番だった。しかし、筆者がリアルタイムに観ている最初のジョン・ウェイン主演映画は、**『捜索者』**（59年・日比谷映画公開）だった。監督も、6年ぶりに西部劇のメガホンを取ったというジョン・フォード。いわゆる騎兵隊とインディアン（ネイティブ・アメリカン）との激闘ものとは違い、インディアンに育てられた娘（ナタリー・ウッド）を探しに行くという西部劇としてはいささか毛色が異なる作品だった。

その後、リバイバル上映で『黄色いリボン』（51年日本初公開）を、62年に日比谷映画で観ている。筆者の中では**『リオ・ブラボー』**（59年・日比谷映画公開）が、西部劇の醍醐味という点では印象に残っている。ディーン・マーティンとリック・ネルソンを従えて、いつもながら無骨な西部男を好演。紅一点のアンジィー・ディッキンソンが見事な脚線美を見せてくれた。監督は、名匠ハワード・ホーク

『捜索者』コマンチ族にさらわれた姪（ナタリー・ウッド）を探しに行くという展開が意外だった

『リオ・ブラボー』手練れのホークス監督がウェインを起用しての典型的なエンターティンメント西部劇

ス。そういえば、ホークスは西部劇ではないが『ハタリ!』(62年・日比谷映画公開)で、やはりジョン・ウェインを起用していた。

ジョン・スタージェス西部劇三部作

同じジョンでも、ジョン・スタージェス(1910-92)もまた痛快な西部劇の監督だった。代表作は、何と言っても『OK牧場の決斗』(57年)だろう。そのあと『**ゴーストタウンの決斗**』(58年)、『**ガンヒルの決斗**』(59年)が立て続けに、日比谷映画で公開された。『OK牧場の決斗』では、バート・ランカスターとカーク・ダグラスが、ワイアット・アープとドク・ホリディを演じている。こ

『ゴーストタウンの決斗』THE LAW AND JAKE WADE
監督：ジョン・スタージェス　原作：マーヴィン・H・アルバート　脚色：ウイリアム・ボワーズ　出演：ロバート・テイラー、リチャード・ウィドマーク、パトリシア・オーエンス

『ガンヒルの決斗』父の親友だった旧知の男クインと一騎討ちをせざるを得ない男をダグラスが演じる

れに妖艶ロンダ・フレミングが絡む。

次作『ゴーストタウン』の方は、ロバート・テイラーとリチャード・ウィドマークで最後の二人の決闘シーンは、やはり圧巻だった。『ガンヒル』では、カーク・ダグラスとアンソニー・クインというやや異色の組み合わせ。もっとも、この二人『炎の人ゴッホ』で共演していた仲だ。『ガンヒル』のプログラムには、双葉十三郎がスタージェスの決斗三部作を論じ「それぞれ全く違う趣向と扱いで作られている」と述べている。

西部劇のスターたち

以後年代順に、筆者がリアルタイムに観て手元にプログラムが残っている西部劇を列挙してみよう。

57年には、B級西部劇の帝王?だったランドルフ・スコット主演『勇者の汚名』（丸の内東宝）、チャールトン・ヘストン主演『三人のあらくれ者』（丸の内東宝）、アンソニー・パーキンス主演**『ロンリーマン』**（日比谷映画）、ジェームス・スチュアート主演**『夜の道』**（日比谷映画）、ジョージ・モンゴメリー主演『荒野の無頼漢』（丸の内東宝）、バリー・サリヴァン主演『ドラゴン砦の決戦』（丸の内東宝）、ヘンリー・フォンダとアンソニー・パーキンスが共演した『胸に輝く星』（丸の内松竹）、アラン・ラッド主演『大荒原』（上映館不明）などがある。

58年には、ビリー・ザ・キッドをポール・ニューマンが演じた**『左きゝの拳**

『夜の道』現金輸送車の護衛のスチュアートと弟オーディ・マーフィは強盗団の一員という設定で悲劇が起こる

『ロンリーマン』西部劇には向かなそうなキャラのパーキンスだが、そのキャラをよく活かした作品

銃』（丸の内東宝）、いつもは渋い脇役のヴァン・ヘフリンが主演した『**草原の野獣**』（丸の内東宝）、ロック・ハドソン主演の『決斗！一対三』（上映館不明）、ゲイリー・クーパー主演の『**西部の人**』（上映館不明）がある。これは美人歌手のジュリー・ロンドンが共演して、脅迫されて着ているものを脱いでいくというシーンがあり、中学生の筆者はちょっと興奮した記憶がある。

59年には、これもゲイリー・クーパー主演で、ドイツの名女優マリア・シェルが西部劇初登場という『縛り首の木』（日比谷映画）が一本きりだ。

60年も、ダナ・アンドリュース主演『西部は俺にまかせろ』（丸の内東宝）と、ジェフリー・ハンター主演『バッファロー大隊』（日比谷映画）がある。後者は、ジョン・フォード監督の西部劇ではあるが、なんと南北戦争後の軍法会議という室内での法廷劇というのが異色だった。この頃から、次第にいわゆる西部劇らしい西部劇は衰退していったと見るべきだろう。

その後も、61年はマーロン・ブランド主演の『片目のジャック』（日比谷映画）、62年はグレゴリー・ペック主演の『白昼の決斗』（日比谷映画）、63年は、フランク・シナトラ、ディーン・マーティンにアニタ・エクバーグ、アシューラ・アンドレスという二人のグラマー女優が絡む『**テキサスの四人**』（日比谷映画）もあり、当時はそれほど感じなかったものの、今から見ると次第に西部劇はフェイド・アウトしていく徴候ではなかったか。

『西部の人』数多くの西部劇に出ていたクーパーが歌手ロンドンを相手役にした後期の作品

『テキサスの四人』シナトラとマーティンのコンビによる西部劇。ブロンソンが敵役で出ていた

青春時代のアイドル、大集合

ジャクリーヌ・ササール、パスカル・プティ、パスカル・オードレ、エルザ・マルティネッリという名を挙げて胸をときめかす男性がいれば、かなりのご年輩ということになるだろう。このササールとプティ、それにミレーヌ・ドモンジョという若い美女3人にアラン・ドロンが絡むというコメディがミッシェル・ポワロン監督『**お嬢さん、お手やわらかに!**』(59年・スカラ座公開)だった。

ササールは、そのあとの公開では、マストロヤンニと共演した『みんなが恋してる』(59年、スカラ座公開)、次いで第2次世界大戦当時のイタリアを舞台にしたヴァレリオ・ズルリーニ監督『**激しい季節**』(60年・日比谷映画公開)では、エレオノラ・ロッシ・ドラーゴが主役で、それに絡む若い女の子の役。相手役は、まだ若手だったジャン=ルイ・トランティニャンだった。この映画では、圧倒的にロッシ・ドラーゴの存在感が勝っただけに、ササールにとってはちょっと気の毒。もっともその後の69年には、ちょっと大人びたササールに出会えるジョセフ・ロージー監督『できごと』(69年・公開)があった。共演はダーク・ボガードでなかなかのサスペンス映画だった。

『激しい季節』ズルリーニ監督の出世作だが、ここではドラーゴの魅力ばかりが目立っていた

パスカル・プティは、その前にマルセル・カルネ監督の『**危険な曲り角**』(59年・日比谷映画公開)にも出演していた。

同じパスカルだが、こちらのパスカル・オードレといえば『**河は呼んでる**』(58年・有楽座公開)があまりにも有名だ。映画よりも、この主題曲の方が大ヒットした。

イタリアの女優エルザ・マルティネッリが出演した映画というと、今時なら、原題の「コート・ダジュール」のままに通しているだろうが、あの頃はわざわざ『**青い海岸**』(62年・ニュー東宝公開)という、直訳によってかえってよく分からなくなったタイトルが付けられていた。フランスとイタリアの合作映画でエ

『お嬢さん、手やわらかに』FAIBLES FEMMES
監督・脚色：ミッシェル・ポワロン　原作：ソフィー・カタラ　脚色：アネット・ヴァドマン
出演：パスカル・プティ、ジャクリーヌ・ササール、ミレーヌ・ドモンジョ、アラン・ドロン

『危険な曲り角』は、数々の名画を撮った巨匠カルネ監督の若手を起用したオリジナル

『河は呼んでる』ダム建設工事を背景にオードレの成長物語。ダム工事の3年間を費やして撮影された

ルザ・マルチネリ（当時の表記）の眩しい肢体が魅力的だったが、映画の中でも、「美しい脚コンテスト」に優勝するという新婚夫婦をめぐるコメディだった。

もう一人懐かしい名前を挙げておこう。川本三郎さんが正統派美少女として御贔屓だったというドイツの女優クリスティーネ・カウフマンだ。出世作は『隊長ブールバ』だが、これは筆者は未見でプログラムもない。手元にあるのは、ベルリンの壁からの脱出を描いたロベルト・ジオドマーク監督『**地獄道28**』（63年・丸の内東宝公開）で、地獄道と書いてトンネルとルビがふってあり、28という数字は28人が脱出に成功したことを意味している。憂い顔の美少女は、まさに日本人好みだが、当時妻帯者だったトニー・カーティスと略奪婚して、人気を落としたらしい。離婚してからは、ドイツで映画やテレビに復帰したと聞いているが、その後の活躍は日本ではあまり聞かなかった。

『青い海岸』コート・ダジュールを背景にマルティネッリの魅力を存分に発揮したヴィットリオ・サラ監督作品

『地獄道28』東ベルリンから西ベルリンへ地下道を掘って脱出を試みる、28人の緊迫した展開を描く

ヌーヴェル・ヴァーグの衝撃

最初に「ヌーヴェル・ヴァーグ」の映画を観たのは、いつの頃だっただろう。少なくとも、手元の残っているプログラムを見る限りは、クロード・シャブロール監督の『**いとこ同志**』（59年・ニュー東宝公開）だったような気がする。彼の監督作品としては本邦公開の第1作で、1959年ニュー東宝で公開されたのを観ている。続いて、60年には有楽座で第2作の『**二重の鍵**』も観ている。

『いとこ同志』では、シャブロールは製作・脚本も兼ねており、主人公にジェラール・ブランとジャン＝クロード・ブリアリ、ヒロインはこの映画がデビューとなるジュリエット・メニエルだった。モデル出身で、この後の幾つかの映画に出演しているようだが、あまり印象は残っていない。『二重の鍵』は、アントネラ・ルアルディとマドレーヌ・ロバンソンらの女優陣に、ジャン＝ポール・ベルモンドらが絡むサスペンス映画だ。ロバンソンは、この映画でヴェネツィア及びベルリン映画祭で主演女優賞を得ている。

ヌーヴェル・ヴァーグ作品の嚆矢といえば、当時27歳のルイ・マル監督の『死刑台のエレベーター』を観るべきだったが、公開された58年の日比谷映画では、

『二重の鍵』シャブロールが初めて手掛けたサスペンス映画だが、なんとも結末が暗い

その前の『底抜け楽じゃないデス』と、後に封切りした『パジャマ・ゲーム』は観ているが、間にはさまれた『死刑台の……』は見逃してしまったらしい。

マル監督の『恋人たち』（59年・有楽座公開）は、観たことは覚えているが、このプログラムは見当たらない。白黒の画面ながら、延々と続くベッド・シーンに流れる官能的なブラームスの弦楽六重奏曲第1番の旋律が印象的だった。

それにしても、当時の彼らの年齢はえらく若い。シャブロールが１９３０年生まれで、**『いとこ同志』**を撮ったのが29歳の時。１９３２年生まれのルイ・マルが『死刑台のエレベーター』を撮ったのが26歳。同じく１９３２年生まれのフランソワ・トリュフォーが『大人は判ってくれない』を撮ったのが27歳。１９３０年生まれのジャン＝リュック・ゴダールが**『勝手にしやがれ』**（60年・ニュー東宝公開）を撮った時が29歳。なんと眩しかった時代だろう。

しかもゴダールは、あれから半世紀たっても、まだ制作意欲旺盛で、88歳にして『イメージの木』を製作し、カンヌ映画祭でプレミアム・パルムドールを受賞。また、２０１７年には彼の２番目の妻アンヌ・ノビアゼムスキーの自伝的小説を『グッバイ・ゴダール！』（ミシェル・アザナビシウス監督）が映画化されるなど、今もって話題を提供しているのはご立派。

『いとこ同志』いとこ同士の若い男と、彼らを巡っての女性が絡むシャブロールの出世作

『勝手にしやがれ』まだ20代だったゴダールが、ベルモントとセバークを起用して大胆な手法で若者の生態を活写した

トリュフォーは、判ってくれない？

ヌーヴェル・ヴァーグの一方の旗頭であったフランソワ・トリュフォーの長編デビュー作である『大人は判ってくれない』（60年公開）は、だいぶ後になって観た。筆者が最初に観たトリュフォー作品は『ピアニストを撃て』だった。しかも、配給元の試写会だったのだろうか、なんと字幕なしで見たのが最初だった。もちろんフランス語はわからないし、やたらカットバックが多かったりして、ほとんど筋もわからなかったが、アート・シアター系列で63年7月に日本公開（もちろん字幕付きで！）されて、ようやくそれぞれのシーンが理解できたという次第。歌手でもあったシャルル・アズナブールの出演が印象に残った。当時はシャンソン歌手としての彼はまだ日本ではそれほど認知されておらず、個性的な風貌の俳優としての認識しかなかった。ちなみに彼は、94歳になる2018年9月に日本公演をして元気なところを見せたが、その1カ月も経たない10月1日心不全で亡くなった。

トリュフォー作品は、その前に、62年に『尼僧ヨアンナ』で開場したアート・シアター系列で、翌63年5月『二十歳の恋』が公開されている。これは、5編か

『ピアニストを撃て』アズナブールが主演したトリュフォーの不条理的な性格の映画

らなるオムニバス映画で、彼の他にロッセリーニやワイダ、日本では石原慎太郎が監督として参加していた。

筆者は、アート・シアター・ギルド（ATG）系列の映画はもっぱら日劇地下の日劇文化か、新宿文化で観ていた。トリュフォーの映画は、ATG系列だけではなく、手元にあるプログラムの**『柔らかい肌』**（65年）、**『黒衣の花嫁』**（68年）、**『恋のエチュード』**（72年公開）は、いずれもみゆき座での公開だし、82年の『終列車』と、遺作となった85年の『日曜日が待ち遠しい！』は、ニュー東宝シネマ2での公開であった。

トリュフォー最後の作品となった**『日曜日が待ち遠しい！』**は、ウィリアム・

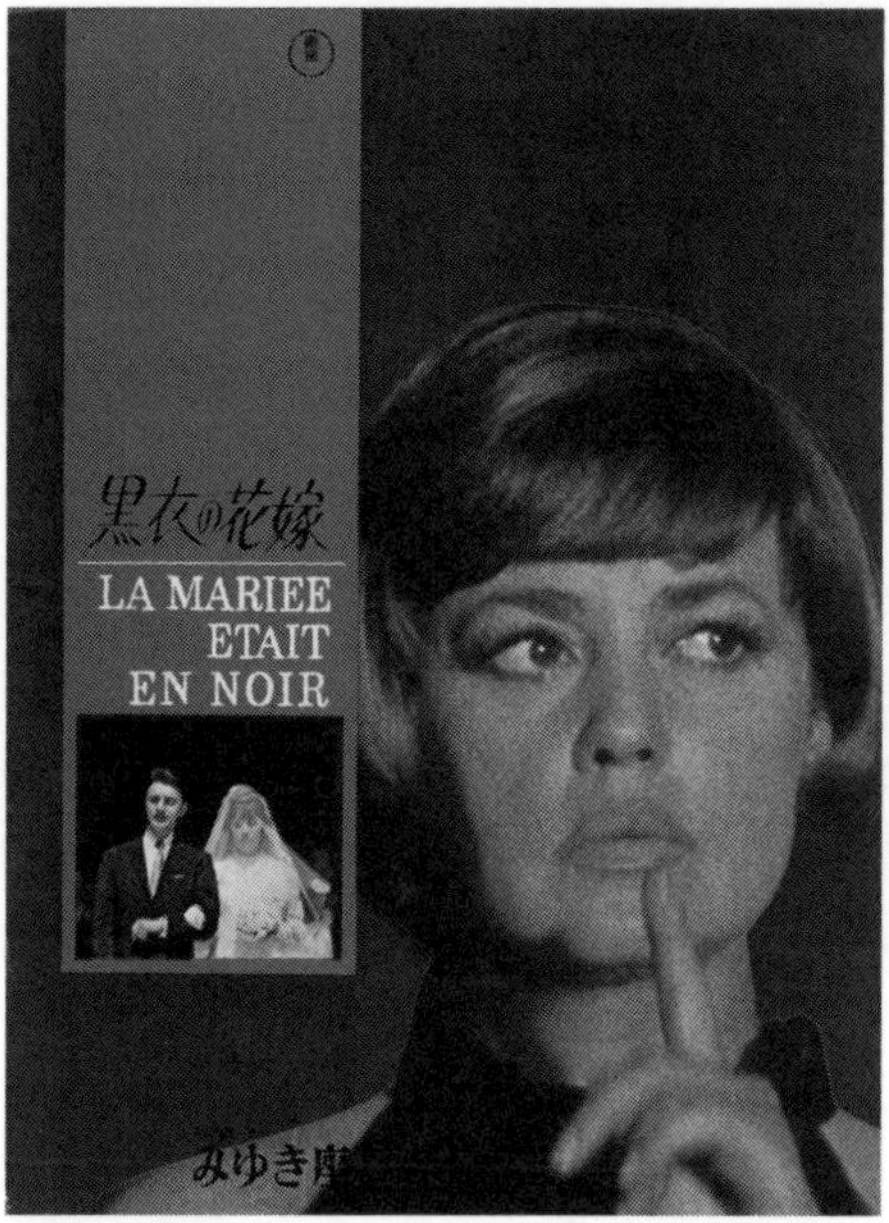

『黒衣の花嫁』 LA MARIEE ETAIT EN NOIR
監督・脚色：フランソワ・トリュフォー　原作：コーネル・ウールリッチ　脚色・台詞：ジャン＝ルイ・リシャール　出演：ジャンヌ・モロー、ジャン・クロード・ブリアリ、クロード・リッシュ

『柔らかい肌』 トリュフォーによる不倫と三角関係によって引き起こされる愛憎劇

『恋のエチュード』 20世紀初頭のパリで、再会と別離を繰り返すイギリス人姉妹とフランス青年との愛

アイリッシュの原作である。トリュフォーは、アメリカのミステリーやハードボイルド小説が好きだったようで、『黒衣の花嫁』も同じ作者（コーネル・ウールリッジ名義）だし、『ピアニストを撃て』もハードボイルド系の作家ディヴィッド・グーディスが原作だった。

『日曜日……』のプログラムの中では、トリュフォーとの交流のあった映画評論家の山田宏一さんが彼へのオマージュを書いている。それにしても52歳という若さの死は衝撃的だった。彼の没後10周年にはイザベル・アジャーニの『**アデルの恋の物語**』（76年公開）が再上映された。このプログラムでも山田さんがトリュフォーとのインタビュー記事を書いている。ちなみに彼は、92年に「トリュフォー　ある映画的人生」（平凡社）で第1回Bunkamuraドゥマゴ文学賞を受賞、「映画術ヒッチコック／トリュフォー」の共訳者でもある。

『日曜日が待ちきれない』トリュフォーの遺作となったコメディタッチのミステリー

『アデルの恋の物語』は、ユゴーの娘アデル役のアジャーニが素晴らしい（没後10周年との際に公開された時のもの）

華麗なるロジェ・ヴァディム

ロジェ・ヴァディム（1928－2000）という監督は、男冥利に尽きるキャラクターである。決してハンサムではないが、自信に満ちた押しの強さが表情に表れている。当時18歳のブリジット・バルドーと結婚し、彼女を主役に据えた『素直な悪女』（57年公開）を撮り映画監督としてデビュー。この映画の撮影中にバルドーがジャン＝ルイ・トランティニャンと恋に落ちて、離婚。ただ、その後も『**戦士の休息**』（63年・みゆき座公開）などで彼女を起用している。その後はデンマークのモデルだったアネット・ストロイベリ（アネット・ヴァディム）と結婚して『危険な関係』（61年・有楽座公開）、『**血とバラ**』（62年・丸の内東宝公開）の主役に据えるが2年で離婚。『**悪徳の栄え**』（63年・日比谷映画公開）に出演したカトリーヌ・ドヌーブとの間に一児をもうけるが結婚はせず、65年にジェーン・フォンダと結婚して『獲物の分け前』（67年・スカラ座公開）、『**バーバレラ**』（68年公開）を撮るが、これもその後離婚に至っている。まあ、臆面もなくよくぞ自分の女房を主役に起用するものだ。

ほとんど耽美的な映像作品が多い彼には珍しくヌーヴェル・ヴァーグ風の『**大**

『戦士の休息』バルドーが、ホテルの部屋を間違って入ったことから思わぬ展開が起こる

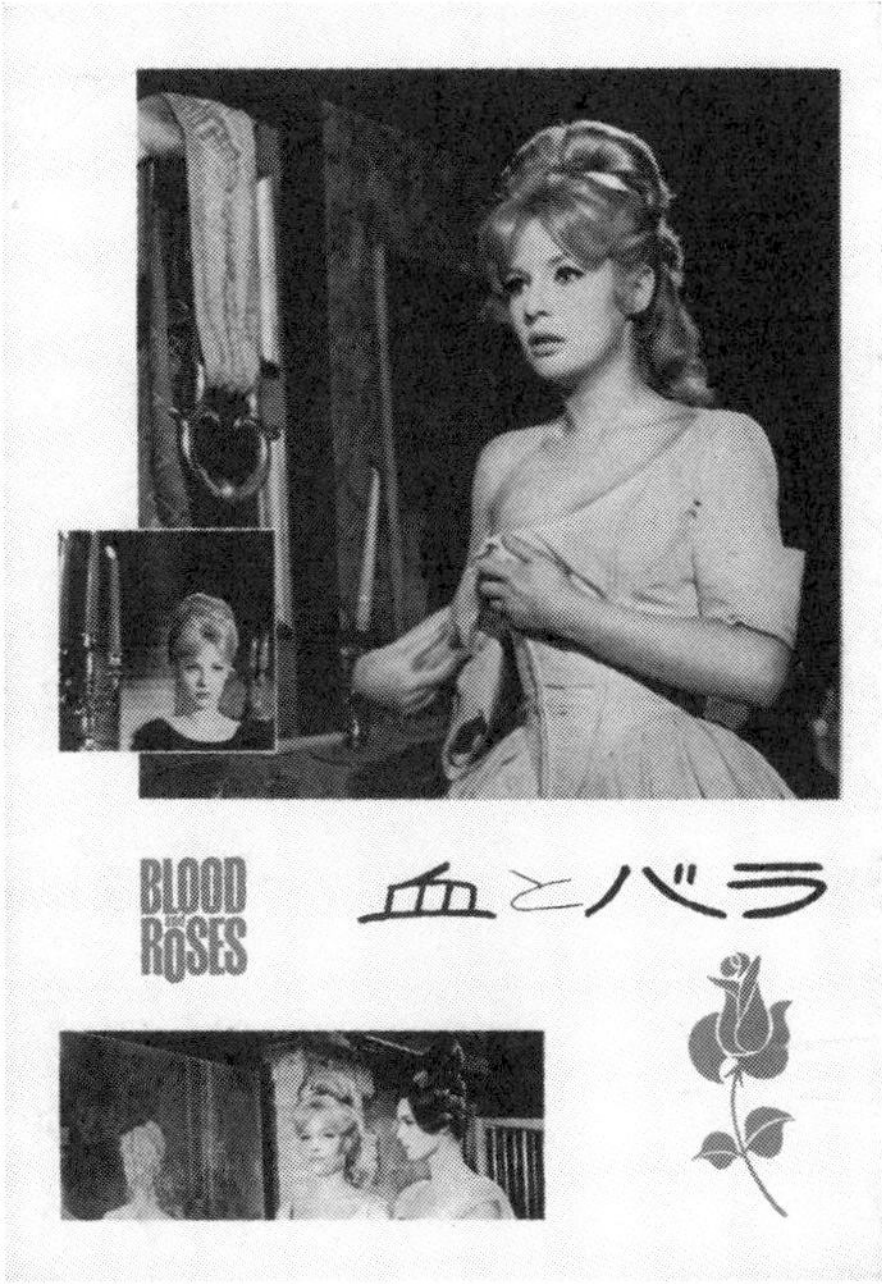

『血とバラ』Et mourir de plaisir
監督・脚本：ロジェ・ヴァディム　原作：ジョセフ・シュリダン・レ・ファニュ　脚本：クロード・ブリュレ、クロード・マタン、ロジェ・ヴァイヤン　出演：メル・ファーラー、エルザ・メルティネッリ、アネット・ヴァディム

運河』（59年・ニュー東宝公開）でのフランスワーズ・アルヌールとはどうだったのだろうか。ちなみにこの映画では原作も脚色もヴァディム自身であった。

まあ、彼の女優遍歴はさておき、当時フランス映画界を席巻したヌーヴェル・ヴァーグに影響されたのであろうか、『大運河』では音楽にジョン・ルイスを起用し、全編モダン・ジャズ・クァルテットの演奏が流れる中で、美しいヴェネツィアを舞台にした映像が印象に残った。

『戦士の休息』も、かつての妻であったバルドーを主役にしているが、それ以前の『素直な悪女』などと比べると遠慮がちに見えるのは先入観であろうか。

何と言ってもヴァディムの真骨頂といえば、筆者は『血とバラ』『危険な関係』

『悪徳の栄え』言わずと知れたサド侯爵の原作を、ヴァディムがどう解釈するか興味津々

『大運河』美しいヴェネツィアを舞台に謎めいたフランス女性アルヌールと、彼女をめぐる男たちクリスチャン・マルカンとロベール・オッセン

といった耽美的なエロティシズムにあふれた映像美に尽きると思う。アネットだけでなく、エルザ・マルティネッリなど、女性の持つ魅力を十二分に引き出しているのは、彼の天性の資質かもしれない。

シュニッツラーの原作をジャン・アヌイが脚色した『輪舞』（64年公開）も、耽美的な映像を堪能させてくれた作品だった。出演もマリー・デュポワ、ジェーン・フォンダ、アンナ・カリーナ、カトリーヌ・スパーク、ジャン＝クロード・ブリアリ、モーリス・ロネなど、当時売れっ子のスターたちを集めただけに仕上がりも上々だった。

同種なものでは、『世にも怪奇な物語』（69年・みゆき座公開）がある。これはエドガー・アラン・ポーの原作を3人の監督が撮ったオムニバス映画で、ヴァディムはジェーン・フォンダとピーター・フォンダの姉弟を起用して第1部「黒馬の哭く館」を撮っている。ちなみに第2部の監督はルイ・マル、第3部はフェリーニが担当していた。

ただその後の3度目の結婚相手ジェーン・フォンダの影響だろうか。ゾラの原作による『獲物の分け前』やSF的エロティック劇画風『バーバレラ』（68年公開）になると、それまでのヴァディムの作風とはやや異なったキャラクターを持った作品のように見え、今ひとつ物足りなかったと思うのは筆者だけだろうか。

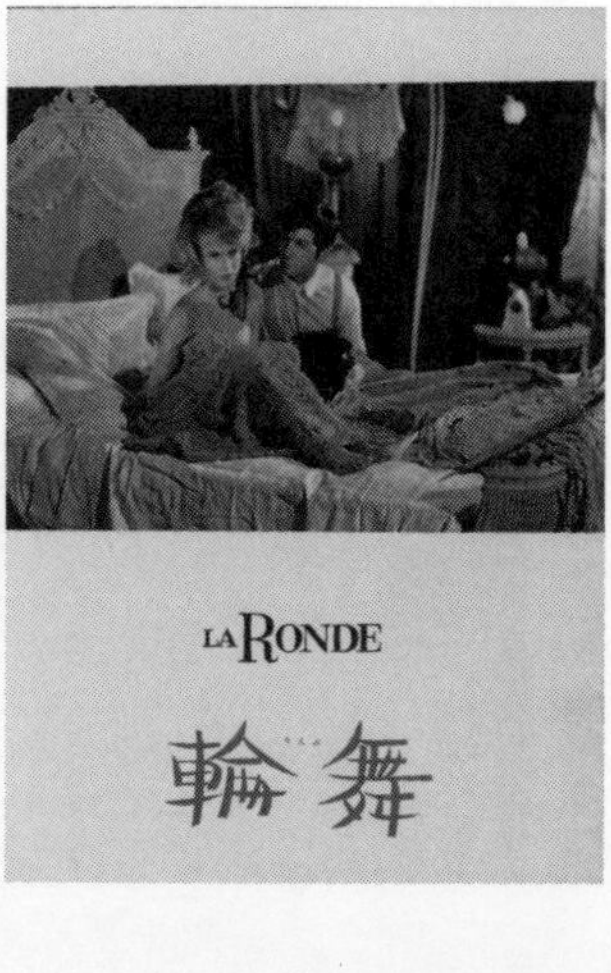

『輪舞』 20世紀初頭のパリを舞台に、さまざまな男女が繰り広げる退廃した愛憎劇はヴァディムの真骨頂

『バーバレラ』 3度目の妻フォンダを主役に、エロティックな劇画タッチのSFがおもしろい

オードリーを探して

日本での外国の女優で一番人気が高かったのは、今もってオードリー・ヘップバーン（1927〜93）ではなかろうか。どちらかといえば美人というよりもファニー・フェイスであり、かえってそれが日本人受けする要素だったのかもしれない。1953年製作で同年のアカデミー主演女優賞を獲得した**『ローマの休日』**（ウィリアム・ワイラー監督）1本で、多くのファンの心を鷲づかみにした。日本では、54年の4月に公開され、同じ年の9月には立て続けに、次作の**『麗しのサブリナ』**が公開されている。残念ながら、筆者は日本初公開時にはリアルタイムでは観ていない。公開後だいぶたってからこれら2作を観た記憶があるのは、手元にそのプログラムが残っているからだ。3作目となる56年公開の**『戦争と平和』**のプログラムも、ロードショー館ではなく二番館でのものだったので、超大作モノにしてはなんとも印刷も悪い。

リアルタイムで観ているのは、57年**『パリの恋人』**（スカラ座公開）だろうか。フレッド・アステアと共演したミュージカル映画で、のちにも彼女との映画を何本も撮ることになるダンサー出身の監督スタンリー・ドーネンが担当している。

『戦争と平和』ハリウッド製の超大作で、もちろん主役のナターシャはオードリー。（初公開のプログラムではなく二番館のもの）

『麗しのサブリナ』ハイソな屋敷に雇われている運転手の娘と、屋敷に住む兄弟との恋の駆け引き

原題は、「FUNNY FACE」でパリでの衣装はオードリーのファッションを独占したジヴァンシィが担当。アステアが扮したカメラマンは、当時ファッション写真家で有名なアヴェドンがモデルだとは後から知った。

同じ年にはゲイリー・クーパーと共演した**『昼下がりの情事』**（松竹セントラル公開）は、まさにリアルタイムで観た映画だ。監督は名匠ビリー・ワイルダー。この人の手にかかるとなんとも粋なロマンチック・コメディに仕上がる。彼女の父がモーリス・シュヴァリエというのも、嬉しいキャスティングだった。劇中でジプシー楽団が演奏する「ファッシネーション（魅惑）」が、この映画を側面から盛り上げていた。プログラムはA4版の大型サイズで、表紙にはオードリーの

『パリの恋人』FANNY FACE
監督：スタンリー・ドーネン　原作：レオナード・ガーシュ　出演：オードリー・ヘップバーン、フレッド・アステア、ケイ・トムスン、ミシェル・オークレール

『尼僧物語』アフリカの貧しい国で奉仕活動をする尼僧という役柄にオードリーは適役

『昼下がりの情事』ワイルダー監督の腕が冴えわたるロマンチック・コメディ

写真がカラーで掲載。いつもながら松竹セントラルのプログラムには、同館のロゴは入っているが映画のタイトルは入っていない。

これら2作はいずれも、オードリーとはかなり年齢差のある相手役だったという印象だった。とはいえ、アステアは当時48歳、クーパーだって46歳だったが、今から見るとかなり老けていた感じがするのは時代のせいだろうか。

あとオードリーの作品でプログラムが手元にあるのは、フレッド・ジンネマン監督の**『尼僧物語』**（59年・日比谷映画公開）とスタンリー・ドーネン監督67年製作の**『いつも2人で』**（67年・丸の内ピカデリー公開）、そして彼女の最後の主演映画となったテレンス・ヤング監督**『華麗なる相続人』**（80年公開）くらい。

それにしても、筆者の好きなブレイク・エドワーズ監督『ティファニーで朝食を』（61年公開）、スタンリー・ドーネン監督『シャレード』（63年公開）や、ジョージ・キューカー監督のミュージカル『マイ・フェア・レディ』（64年公開）などのプログラムはどこへ行ったのだろう。

『いつも2人で』ドーネン監督とは相性がいいのか、この作品や『シャレード』でも好コンビ

『華麗なる相続人』大富豪が殺され、その娘までも狙われるというサスペンス。オードリー最後の作品

ラブ・コメの女王ドリス・ディ

筆者が、ドリス・ディ（1922−2019）の映画を初めて見たのは、「ケ・セラ・セラ」の主題歌が大ヒットしたヒッチコック監督のサスペンス**『知りすぎていた男』**（56年・日比谷映画公開）だったが、同じ年に製作された異常に嫉妬深いピアニストの夫から逃れるサスペンス**『影なき恐怖』**（57年・テアトル東京公

『知りすぎていた男』THE MAN WHO KNEW TOO MACH
監督：アルフレッド・ヒッチコック　原作：チャールズ・ベネット、D・B・ウィンダム＝ルイス　脚色：ジョン・マイケル・ヘイス、アンガス・マクフェイル　出演：ジェイムズ・スチュアート、ドリス・ディ、ダニエル・ジュラン、ブレンダ・デ・バンジー

『影なき恐怖』病的な嫉妬心を持つ夫から逃れる妻を演じ、演技者としてのドリスを再認識

開）も、ドリスの演技者としての確かさを見せてくれる映画だった。

その後は、ドリスの明るいキャラクターを活かしたロマンチック・コメディ（最近はラブ・コメって言いますね）が筆者のお気に入りであった（『先生の気に入り』（58年・日比谷映画公開）にかけてマス）。

大ヒットしたブロードウェイ・ミュージカルを映画化した**『パジャマ・ゲーム』**（58年・日比谷映画公開）は、好きな曲が満載で何度でも観たい映画。中でも劇中で歌われる「ヘルナンドス・ハイダウェイ」がめっぽう好きだった。**『夜を楽しく』**（60年・日比谷映画公開）と**『恋人よ帰れ』**（62年・スカラ座公開）は、いずれもロック・ハドソンとのコンビ。彼女が歌う前者の主題歌「ピロー・トーク」もヒットした。両方とも、いかにも良きアメリカ的なウィットに富んだセリフが楽しい。

同じラブ・コメものでは、渋いキャラクターのリチャード・ウィドマーク主演の**『愛のトンネル』**（60年・ニュー東宝公開）というのもあった。どちらかといえば西部劇でも敵役で、最後はガン・ファイトで殺される役やギャングものが多かったウィドマークが、照れくさそうにドリスを相手にラブ・コメを演じているのが面白かった。

もっとも『先生のお気に入り』（58年公開）の相手役は、クラーク・ゲーブルだったし、『ママは腕まくり』（60年公開）では、デヴィッド・ニーヴェン、『ミンクの手ざわり』（62年公開）では、ケーリー・グラントと共演している。役柄も、

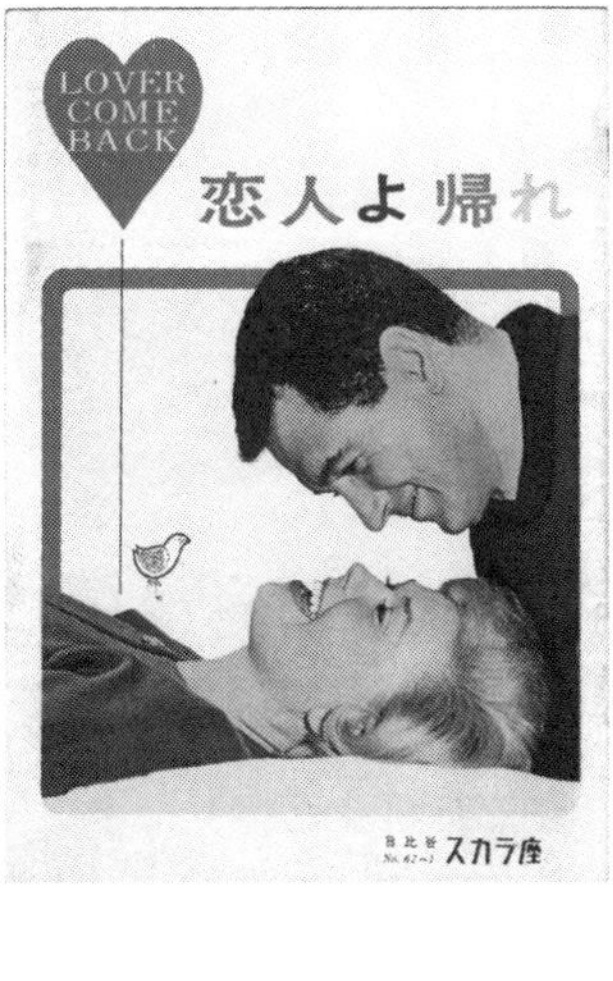

『恋人よ帰れ』ハドソンと組んだロマンチック・コメディ。筋立ては艶笑喜劇のノリだが彼女が演じるとキュートになる

『夜を楽しく』これもハドソンとの共演。こういった役柄はドリスの最も得意とするところ

マスコミ学の大学教授、インテリア・デザイナー、広告代理店のキャリア・ウーマンなど、いずれも現代的な職業の女性を演じていたのも、当時のアメリカの世相を反映したものだった。

ドリスは、『パジャマ・ゲーム』で本領を発揮しているように、もともとは10代からジャズ歌手として活躍し、45年「センチメンタル・ジャーニー」の大ヒットを生んだ。典型的なアメリカ美人ではあるが、人懐っこい愛嬌のある顔立ちは、まさに黄金の50年代を代表するスターだった。もっとも後で知ったことだが、実は父親はドイツ系の音楽教師だったとは意外だった。

女優としては、68年の『ニューヨークの大停電』（残念ながら筆者は未見）を最後にスクリーンからは姿を消し、その後は歌手とテレビで活躍。晩年は動物愛護運動に力を注いだという。

２０１９年5月13日に、97歳という高齢で亡くなったというニュースが世界中を駆け巡り、良き時代のアメリカを代表するエンターテイナーの死を惜しんだ。

『パジャマ・ゲーム』なにしろ楽しいナンバーが満載のミュージカル。ドリスも伸び伸び演じている

『愛のトンネル』相手役には強面のウィドマークというところに意表をつかれたラブ・コメ

底抜けコンビの盛衰

あの時代、大いに楽しませてくれたのが、ディーン・マーティンとジェリー・ルイスの「底抜けコンビ」によるコメディ・シリーズだった。**『底抜けふんだりけったり』**（ジョージ・マーシャル監督）のプログラムによると、日本に紹介されたのは『底抜け艦隊』（53年日本公開）が最初であったという。以来『落下傘部隊』『びっくり仰天』『底抜け最大のショウ』『お若いデス』『画家とモデル』『ニューヨークの休日』『底抜け西部へ行く』『のるかそるか』と続くが、手元にあるプログラムの『ふんだりけったり』（57年・丸の内東宝公開）がコンビでの最後の作品となった。筆者は、前述した作品の中でも、二、三本は確実に観ているはずだが、手元にプログラムは残っていない。コンビを組んだのが、47年というから、約10年間のコンビだったが、解消話は数年前から噂されていた。

手元にあるプログラムでコンビ解消前のものは、わずかに『底抜けコンビやぶれかぶれ』と**『底抜けコンビのるかそるか』**しかない。前者は、珍しくテアトル東京での公開（58年）だった。製作は53年で、ゲストにサム・スニード、ベン・ホーガンといった今や伝説の名ゴルファーたちが出演しているので、当時のゴル

『ふんだりけったり』文句なしに楽しめるコメディは、やはりこの二人ならではの独壇場

フ人気にあやかって上映されたらしい。監督は、後にプレスリーの『ブルー・ハワイ』などを撮るノーマン・タウログ。共演の女優は、テレビドラマ『うちのママは世界一』で人気があったドナ・リードと、『イブの総て』にも出演していたバーバラ・ベイツ。後者の監督は、喜劇の名手フランク・タシュリン。コンビに絡む女優陣は、スウェーデンの名花アニタ・エクバーグと、パット・クローリーだった。

　コンビ解消後は、マーティンはMGMで、ルイスはパラマウントで、それぞれ一本立ちの主演映画を撮っている。ルイスの一本立ち第一作は、**『紐育ウロチョロ族』**（58年公開）。自らプロデュースも買って出ての作品だから、それなりに力

『のるかそるか』HOLLYWOOD OR BUST
監督：フランク・タシュリン　原作：アーナ・ラザラス　出演：ディーン・マーティン、ジェリー・ルイス、アニタ・エクバーグ、パット・クローリー

『行ったり来たり』ルイス映画には欠かせないのが、タシュリン監督の喜劇センスだ

『紐育ウロチョロ族』ご贔屓ハイヤーも共演しているルイスの独立第1作

が入っている。相手役には『麗しのサブリナ』のマーサ・ハイヤー。いかにもお嬢さん風の清楚なイメージがあって筆者のご贔屓だった。独立第二作目が、三つ子の赤ん坊をルイスが育てる羽目に陥るというドタバタ喜劇の『底抜け楽じゃないデス』（58年・日比谷映画公開）で、ここでは、コンビ解消前の「底抜け」を題名に組み込んでいる。監督はここでもフランク・タシュリンが原作と脚色も担当。相手役はマリリン・マクスウェルと、のちに歌手・女優として人気のあったコニー・スティーブンスが付き合っている。当時コニーは19歳。この作品でルイスに抜擢されて、スター街道を歩みだしたのだ。

手元にあるプログラムでは、第四作目となる**『底抜け慰問や行ったり来たり』**（58年・丸の内東宝公開）と『底抜けオット危ない』（63年・丸の内東宝公開）がある。いずれもタシュリン監督で、前者は日本を舞台にして早川雪洲や、日系カナダ人女優・のぶ渥美マッカーシーなどが登場。ここでは、スザンヌ・プレシェット（プログラムではプレチェットと表記）が付き合っている。

一方のディーン・マーティンは、いわゆるシナトラ一家に属し、**『オーシャンと十一人の仲間』**（60年・東映パラス公開）、『テキサスの四人』（63年・日比谷映画公開）、『結婚専科』（66年・丸の内ピカデリー公開）など、いずれもシナトラがらみが多く、主役ではないが彼のキャラクターを活かした出演作だった。もっともラナ・ターナーが相手役のダニエル・マン監督**『浮気の計算書』**（63年公開）は、堂々主役を張っている。

『浮気の計算書』こちらはマーティンが独立して、ラナ・ターナーと共演して主役になった

『オーシャンと十一人の仲間』シナトラ一家に入ってからのマーティン、これは一家総出演

アート・シアターが懐かしい

アート・シアターのプログラムは衝撃的だった。

アート・シアターという文字が黒地に筆文字風に、片仮名とローマ字で表記してある。判型もA5版に似ているが天地が2、3センチ長いという変形サイズだ。表紙のデザインは伊丹十三、本文のレイアウトは南部圭之助と代表の多賀祥介が担当して、編集委員として、植草甚一、草壁久四郎、向坂隆一郎、南部圭之助、丸尾定の名が連なっている（第1号）。そもそも、これはプログラムではなく日本アート・シアター・ギルドの発行する機関誌という位置付けのようだった。

巻頭言に、「日本で最初のアート・シアターがA・T・G（日本アート・シアター・ギルド）によってスタートした。これは日本の映画史の中でも特筆されるべき出来ごとである。ここに我々がよぶアート・シアターとは、芸術的純度の高い芸術映画、または映画芸術を前進させるために作られた実験的映画を専門に上演する映画館のことである」と高らかに宣言している。その後のアート系映画館に影響したように、その映画の採録シナリオ（ここではカッティング・コンテと呼んでいた）が掲載されていたのが特徴的だった。巻末ページには、ATGチェー

『オルフェの遺言』詩人・監督ジャン・コクトーが、ジャン・マレーを起用してのオルフェウスもの

ン劇場として、1962年4月20日に開場した東京の3館（日劇文化、新宿文化、後楽園アート・シアター）に、5月20日開館の京都、大阪、神戸、福岡、名古屋の5館を挙げている。

記念すべき第1回上映作品は、ポーランド映画の『**尼僧ヨアンナ**』（60年製作）であった。監督はイエジー・カワレロヴィッチ。美しい尼僧長のヨアンナ（ルチーナ・ウインニッカ）が悪魔に取り憑かれて変貌するシーンが衝撃的であった。第2回上映作品は、ジャン・コクトーの『**オルフェの遺言**』（58年製作）、第3回上映作品として、日本映画の勅使河原宏監督『おとし穴』（62年製作）が選ばれている。

『尼僧ヨアンナ』MATKA JOANNA OD ANIOLOW
監督・脚本：イエジー・カワレロウィッチ　原作：ヤロスワフ・イワシキエウィッチ　脚本：ダデウッシュ・コンウイツキー　出演：ルチーナ・ウインニッカ、ミエチスワフ・ウォイト

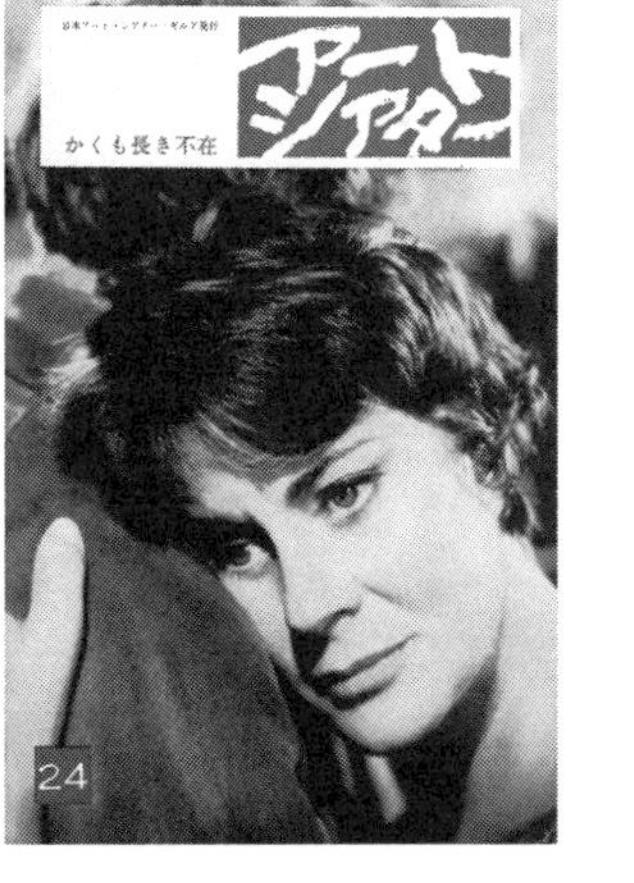

『かくも長き不在』アリダ・ヴァリが帰ってこない夫に似た浮浪者を見かけるが、彼は記憶喪失だった

『ウンベルトD』年金支給額を上げようと戦うウンベルトに降りかかる難題。ほとんど素人が演じている

以後、イタリア映画『2ペンスの希望』（レナート・カステラーニ監督・52年製作）、スウェーデン映画『もだえ』（アルフ・シューベリイ監督・44年製作）、イタリア映画『**ウンベルト・D**』（ヴィットリオ・デ・シーカ監督・53年製作）、スウェーデン映画『**野いちご**』（イングマール・ベルイマン監督・57年製作）と続く。必ずしも最新作というわけではなく、今まで日本に紹介されなかった名画を紹介するという気概を感じさせるスタートであった。

しかし、それ以降も含めて、こうしたアート系映画がはたして興行的に採算ベースにのったかは疑問ではあった。ATGの活動も67年を境にして次第に変質していき、独立プロとの共同で製作された第2期、さらに学生の自主映画まで取り入れた第3期というように変容していったのである。ちなみに筆者が、アート・シアターで観た最後の映画は、71回目の上映作品である69年10月に公開されたジャン=リュック・ゴダール監督の『**ウイーク・エンド**』（67年製作）だった。筆者の手元にあるプログラムは46冊、全巻揃ってはいないが第1期上映作品のほぼ7割がたは観ていることになる。

『野いちご』一人の老大学教授の1日を通して人生を考えさせるベルイマンの作品

『ウイークエンド』中流家庭の夫婦が郊外へドライブに出かけて降りかかる悲劇だが、結末は半端ない

イタリア映画の巨匠たち

硬軟自在だった巨匠ヴィットリオ・デ・シーカ

　ロベルト・ロッセリーニ（１９０６－77）と並んで、戦後イタリアのネオリアリズモ映画を牽引したのが、ヴィットリオ・デ・シーカ（１９０１－74）であった。戦後間もなく『靴みがき』（46年製作）、『自転車泥棒』（47年製作）で、イタリアを代表する監督として不動のものにした。一方、アメリカ資本で作った53年製作の『終着駅』では、絶妙な悲恋ストーリーを描いた。ネオリアリズモ的な作風から脱却し、その後はマルチェロ・マストロヤンニとソフィア・ローレンを起用した**『昨日今日明日』**（64年・日比谷映画公開）や『ああ結婚』（65年公開）などでは、いかにもイタリアらしいコメディタッチで演出している。そしてまたまた戦争の悲劇を見事に描き切った70年製作の『ひまわり』では、マストロヤンニとローレンのコンビを、まったくコメディとは正反対のシリアスな演技で観るものの涙を誘った。それ以前の51年に製作されたシリアスな社会派映画『ウンベルト・D』も、ＡＴＧ系で62年に公開された。

　もともと彼は、『武器よさらば』ではアカデミー助演男優賞にノミネートされ

『昨日今日明日』３話からなるオムニバス映画。マストロヤンニとローレンのコンビは文句なくおもしろい

るなどの演技派の俳優だったが、それを最もよく生かしたのが盟友ロッセリーニ監督による**『ロベレ将軍』**（60年・スカラ座公開）だった。ぺてん師でありながらひょんなことからロベレ将軍の替え玉として監獄に入り、やがて愛国心が湧き上がってきて拷問にも耐えて死んでいくという男を見事に演じていた。このプログラムでは、彼が監督した時の子役が成人になって、この映画で彼と共演したことを興味深げに伝えている。

清新な映画作りのヴァレリオ・ズルリーニ

マルチェロ・マストロヤンニとジャック・ペランが共演した**『家族日誌』**（64年・みゆき座公開）のズルリーニ（1926－82）は、デ・シーカ世代とは四半世紀後の世代の監督だ。その前にもジャクリーヌ・ササールが主演していた『激しい季節』（60年・日比谷映画公開）でも才気を見せたが、前作とは違ったフィレンツェを舞台に、題名通りの家族模様をきめ細かく描いた佳品であった。

俳優としても抜きん出た名匠ピエトロ・ジェルミ

筆者の世代であれば、ピエトロ・ジェルミ（1914－74）監督の作品としては**『鉄道員』**が忘れられないだろう。彼自ら主演した初老の鉄道員が主人公で、その家族の貧しくも心温まる映画であった。とくに末っ子サンドロ少年を演じたエドアルド・ネヴォラの愛くるしい表情が魅力の映画だった。彼の作品はもっと

『ロベレ将軍』デ・シーカが演技者としての真骨頂を見せたシリアスな社会派映画

『家族日誌』マストロヤンニほど、イタリア中の監督に愛された役者もいないだろう。ここでも好演

『鉄道員』IL FERROVIERE
監督・脚本：ピエトロ・ジェルミ　原案・脚本：アルフレード・ジャンネッティ　脚本：ルチアーノ・ヴィンチェンツィオーニ　出演：ピアトロ・ジェルミ、エドアルド・ネヴォラ、シルヴァ・コシナ、ルイザ・デラ・ノーチェ

多く見ているはずで、マストロヤンニ主演の『イタリア式離婚狂想曲』（63年公開）や、ジェルミ自身が主演してクラウディ・カルディナーレが共演した『刑事』（59年公開）もいい映画だった。とくに主題歌「死ぬほど愛して」は大ヒットした。さらに『誘惑されて棄てられて』（65年公開）など、いずれも好きな映画だったが手元にプログラムがないのが残念だ。

彼ジェルミが警部役で主演したダミアーノ・ダミアーニ監督『くち紅』（61年公開）のプログラムが手元にある。ダミアーノ監督といえば、これが長編初監督作品だったが、これ以降『禁じられた恋の島』（62年製作）などを撮ったあとは、果敢に警察・検察とマフィアの癒着ぶりを暴いた社会派ドラマを多く撮っていた

『くち紅』ジェルミ監督が俳優として出演し刑事に扮している。13歳の少女が引き起こす犯罪の代償

監督だった。

多くの映画人が慕うミケランジェロ・アントニオーニ

ロッセリーニ、デ・シーカらのネオリアリズモの系統を受け継ぐ監督といえば、このアントニオーニ（1912－2007）かもしれない。彼の作品を最初に観たのは彼の故郷を舞台にした**『さすらい』**（59年・丸の内日活公開）だった。なんでこの映画を観たのか今になっては不明だが、主演にアリダ・ヴァリが出ていたからかもしれない。もっともこのプログラムは珍しく2本立てで、もう1本はフェリーニ監督の**『青春群像』**が併載されていた。

その後、彼は『情事』（62年公開）、『夜』（62年公開）、『太陽はひとりぼっち』（62年公開）、『欲望』（67年公開）などを撮って、イタリア映画の第一人者となった。彼が83歳の時、ヴィム・ヴェンダースが共同監督として名を連ねたオムニバス映画『愛のめぐりあい』（96年・シネ2公開）で、久々に彼の作品を観た。彼を慕う映画人たちが画面に登場するのが懐かしい。

イタリア映画界の鬼才フェデリコ・フェリーニ

日本で一番人気のあるイタリア映画の監督といったら、第一にフェリーニ（1920－93）に指を屈する人が多いかもしれない。『道』、『カビリアの夜』、**『8½』**、『フェリーニのアマルコルド』で、4度のアカデミー賞外国語映画賞を

『さすらい』若き日のアントニオーニの作品。ポー河流域を舞台に男が家を出て彷徨う果てには何があったか

『青春群像』フェリーニの初期作品で、イタリアの田舎町に住む5人の若者を描いたもの（『さすらい』と同じプログラム）

取り、1992年にはアカデミー賞名誉賞を受賞している巨匠だ。ただ筆者は、作品一覧で振り返ると意外に観ていない映画が多い。

54年製作だが、日本では57年公開の『道』は、観ている。ただ内容は、ジュリエッタ・マシーナとアンソニー・クインとの愛憎入り混じった関係が、当時の筆者にはなかなか理解できなかった。それでも当時大ヒットしたニーノ・ロータ作曲「ジェルソミーナ」という主人公の名と同じ主題歌は心に残った。

他には、何と言っても衝撃的だったのが**『甘い生活』**（60年・有楽座公開）だった。イタリア社交界の爛熟した生態にメスを入れた問題作だ。マストロヤンニを軸に、アニタ・エクバーグ、アヌーク・エーメ、マガリ・ノエル、イヴォンヌ・フルノオという豪華な女優陣が共演している。『8½』（65年公開）の日本での初公開は、一般ロードショー館ではなくATG系での上映だった。映画監督を主人公（多分にフェリーニ自身を投影させている）にしており、現実と虚構の世界が交錯する構成は、やや高踏的だったのかもしれない。しかし、とくにラストシーンは衝撃的だったのを覚えている。

『甘い生活』原題のドルチェ・ヴィータに示される通りのイタリア上流社会の爛れた生活を活写

ルキーノ・ヴィスコンティの遺香をたどって

ルキーノ・ヴィスコンティ（１９０６－76）の作品は、初公開時ではなくとも長編14作は、何らかな形ですべて観ている。短編もオムニバスだった『ボッカチオ'70』も観ているので、ほぼ網羅していると言っていいだろう。しかし手元にあるのは、なぜか**『若者のすべて』『山猫』『白夜』『異邦人』『家族の肖像』『イノセント』**それに戦後も遅くなって公開された彼の長編処女作『郵便配達は2度ベルを鳴らす』の7冊しかない。一番好きな『夏の嵐』も『ベニスに死す』も『ルートヴィヒ』もない。今さら嘆いても仕方がないが。

日本公開順にいけば、最初に観たヴィスコンティ作品は、『若者のすべて』（61年・日比谷映画公開）だ。プログラムの表紙はキャンバスにコンテで描いたアラン・ドロンの顔が描かれている。まだ若かったアニー・ジラルドとクラウディア・カルディナーレが共演している。

カルディナーレは、その後『山猫』にも出演していたので、ヴィスコンティのご贔屓の女優の一人であったのだろう。バート・ランカスター、アラン・ドロンが出演した大作『山猫』（64年・日比谷映画公開）は、この公開当時はかなり尺数

『若者のすべて』アラン・ドロンを取り巻く貧しい家族と兄弟との葛藤。娼婦のジラルドに惹かれていく。兄弟の嫁にカルディナーレ

をカットされていた編集版で、その後、監督の意図通りに編集された完全版が復活したのも観ている。

名作を映画化したものとしては、ドストエフスキーの同名の小説『白夜』（63年・スカラ座公開）があり、また『異邦人』（68年・みゆき座公開）もアルベール・カミュの原作によるもので、いずれもマストロヤンニが主演し、前者にはマリア・シェルとジャン・マレーが、後者にはアンナ・カリーナが共演している。同じ文芸ものながら、製作する方向性はまったく異なっている。『異邦人』は、原作通りのアルジェという設定で展開しているのに対して、『白夜』は舞台をイタリアの港町という設定とした。このプログラムの中でロシア文学者の米川正夫は、

『山猫』IL GATTOPARDO
監督：ルキーノ・ヴィスコンティ　原作：ジュゼッペ・ディ・ランペドゥーサ　脚色：スーゾ・チェッキ・ダミーコ、パスクワーレ・フェスタ・カンパニーレ、エンリコ・メディオーリ、マッシモ・フランシオーサ　出演：バート・ランカスター、アラン・ドロン、クラウディオ・カルディナーレ
まるで大河ドラマを見るような長尺だが、本物を追求するヴィスコンティの美意識に脱帽

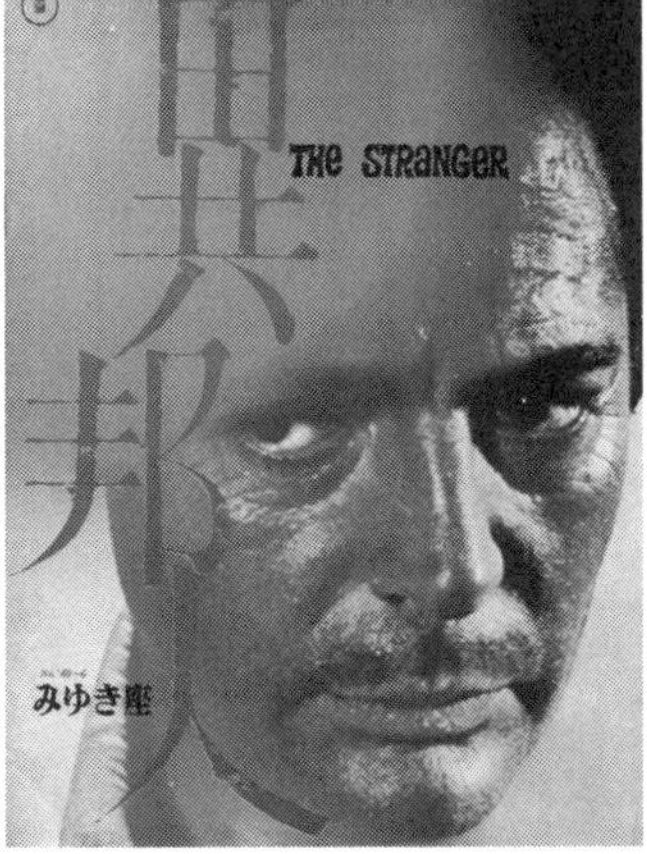

『異邦人』カミュの原作にマストロヤンニを起用して、ヴィスコンティが真正面から取り組んだ文芸大作

『白夜』舞台をパリに移しながら原作の持つ本質を鋭くついた作品。シェルの名演技が光る

「監督ヴィスコンティは、ほとんどドストエフスキーを無視したかのごとく、縦横無尽の恣意をあえてしている。原作者が見たら、気絶しかねまじいキャバレーでのロックンロールの場面さえ現われる。にもかかわらず、手持ちの材料を自由自在に駆使して青年ドストエフスキーの芸術境を、ものの見事に形象化することに成功した」（一部筆者が削除）と絶賛している。

晩年の2作品も印象深い。アメリカの俳優バート・ランカスターがなぜかお気に入りで、『山猫』から『家族の肖像』まで、いずれも古風なイタリア貴族の役柄に当てているのもヴィスコンティならではの起用だ。『家族の肖像』（78年公開）には、まさに監督ご贔屓の競演で、のちに「ヴィスコンティの未亡人」と標榜したヘルムート・バーガーとシルヴァーノ・マンガーノというキャスティングでもわかるように、もっともヴィスコンティの遺香を感じさせる作品だった。

三島由紀夫も心酔したイタリアの愛国詩人ガブリエル・ダンヌンツィオの原作による最後の作品『イノセント』（79年・みゆき座公開）も、彼の耽美的な傾向が色濃く現れた作品で、正直、こうしたヨーロッパの貴族的な美意識には、なかなか日本人にはついていけないものではなかっただろうか。

『家族の肖像』晩年に差しかかっても衰えぬ本物へのこだわりが、重厚なドラマをさらに分厚くしている

『イノセント』当時観たときにはわからなかったディテールや美的感覚が、今さらながら胸に迫る

懐かしの美女たちの饗宴

美女の中の美女、ジーナ・ロロブリジーダ

『美女の中の美女』（57年公開）という映画をご存知だろうか。主演は、ジーナ・ロロブリジーダ。川本三郎さんの著書『美女ありき』の中でも、逢坂剛さんなどの『ハリウッド黄金期の女優たち』（七つ森書館）という中でも彼女は紹介されているが、この作品はいずれにも挙がっていない。彼女の代表作と言えば、『夜ごとの美女』（53年公開）、**『空中ぶらんこ』**（56年・東劇公開）、**『ノートルダムのせむし男』**（57年・東劇公開）などが有名だが、この映画のタイトル通り、その当時の女優と言えば、まさに美女の中の美女の名を標榜できる彼女をおいてなかった。しかし、それほどの映画にしては、いまひとつ影が薄い。意外だが、ロロは欧米の女優にしては、比較的小柄で身長は165センチしかなかった。しかし均整のとれた肉体美は、当時流行った言葉で言えばまさにトランジスター・グラマーだった。

この映画は、しがない歌手から、やがて欧米を席巻したソプラノ歌手となった実在の名歌手リーナ・カヴァリエーリ（1874－1944）をモデルにして、

『空中ぶらんこ』さすが元サーカスにいたというランカスターの演技は素晴らしかった

『美女の中の美女』 LA DONNA IPU BELLA DEL MONDO
監督：ロバート・Z・レナード　脚色：チャーザレ・カヴァーニャ他６名　出演：ジーナ・ロロブルジーダ、ヴィットリオ・ガスマン、ロバート・アルダ（正規プログラムではなく、プレスシートとして試写会で配ったもののようだ）

虚実織り交えた展開になっている。共演は、『戦争と平和』にも出ていたヴィットリオ・ガスマン。彼女が演じる世界一美しい女性は、今世紀初頭にオペラ歌手としてはもちろん女優としても活躍した実在の人物である。映画の中でも『トスカ』の場面があるが、「星は光りぬ」を歌っているのは、当時最高のテノール歌手であったマリオ・デル・モナコである。

　筆者の手元にあるプログラムは、実際の映画館で売っていたプログラムではない。多分、配給元の東和が大規模な試写会で配ったものであろう。１４５×２１８㎜というサイズで、中は蛇腹のような形で絵葉書風に映画の中の名場面が展開され、音楽評論家の宮澤縦一の解説も載っている。日本公開は57年7月だが、東宝系のロードショー館での公開ではないようだ（上映館は不明）。彼女で印象に残っている映画としては、バート・ランカスターと共演した『空中ぶらんこ』（58年・東劇公開）であろう。空中ぶらんこに乗った彼女の肢体が眩しかった。

ミステリアスなマリナ・ヴラディ

今でもアムステルダムにあるという歓楽街・通称「飾り窓」の女性を描いた『飾り窓の女』（62年・丸の内東宝公開）は、マリナ・ヴラディとマガリ・ノエルという二人の女優と、リノ・バンチェラ、ベルナール・ブレッソンという異色の組み合わせによる社会派風のドラマであった。ベルギーの炭鉱で働く二人の男と、この飾り窓で春を売る二人の女との数日間を描いたドラマだった。ヴラディが注目されたのはアンドレ・カイヤット監督『洪水の前』で15歳の美しさに目を見張ったものだった。

他に、56年6月に日活系で公開された『恋愛時代』は、まだ17歳の若々しい彼女が、若手スターとして売り出しはじめたマストロヤンニと共演したもの。『にがい米』のジュゼッペ・デ・サンティス監督作品。

美しく成長したブリジット・フォッセイ

彼女の名前が一躍脚光を浴びたのは、ルネ・クレマン監督の不朽の名作『禁じられた遊び』（53年公開）だった。当時まだ5歳だった彼女は、この映画のこと

『飾り窓の女』必ずしもヴラディの代表作ではないが、演技者としての実力を遺憾なく発揮

『ハッピー・ロード』ブリジット・フォッセイの成長ぶりに感動する

はほとんど覚えていないと後に語っていた。11歳になってジーン・ケリー監督の『ハッピー・ロード』（57年・スカラ座公開）に出演した後は、普通の大学生に戻っていた。しかし、美しく成長した彼女を再びスクリーンに登場させたのがジャン・ガブリエル・アルビコッコ監督だった。フランスの代表的な青春小説とも言えるアラン・フルニエ原作の『モーヌの大将』を映画化した『さすらいの青春』（69年・みゆき座公開）に起用した。アラン・ドロンとチャールズ・ブロンソンが共演したフランス映画『さらば友よ』（68年・日比谷映画公開）でも、フォッセイの成長して可憐な美少女ぶりを見せてくれた。

セシル・カットが似合ったジーン・セバーグ

最初に彼女を見たのは、フランソワーズ・サガン原作、オットー・プレミンジャー監督の『悲しみよこんにちは』（58年・スカラ座公開）だった。迂闊なことに、その頃からかなりの期間、彼女をフランスの若い女優だと思っていた。アメリカ映画ではあったが、フランスを舞台にした映画の印象だったのだろう。

そのあと、ゴダール監督の『勝手にしやがれ』（60年・ニュー東宝公開）の印象が強かったからかもしれない。よく見れば、あれだってジャン＝ポール・ベルモンド扮するフランスのチャラい男と、アメリカの記者志望の若い娘のギャップを描いた映画だから、フランスの女優と見まごうことはないはずなのだが、筆者はむしろこの映画を観て、余計その印象を強くしたらしい。だいぶ経ってからだが、

『さすらいの青春』美しく成長したフォッセイの魅力を存分に堪能できる佳作

『悲しみよこんにちは』あの頃のセバーグが一番輝いていたように思える

その後の『さよならパリ』（61年・スカラ座公開）、**『黄金の男』**（65年・日比谷映画公開）、**『ペルーの鳥』**（68年・スカラ座公開）などフランス映画への出演が多かったせいもあったのだろうが、その頃まで最初に付いたイメージから抜け出せなかった。いやはや思い込みは恐ろしいものだ。

後で知ったことだが、彼女の後半の人生は悲惨なものだったらしい。アイオワ州出身の彼女は、アメリカの公民権活動にも肩入れし、挙句がブラック・パンサーとの関係まで取り沙汰された。ブラック・パンサー関係者との間で妊娠し、流産。まさに心身ともにボロボロになった彼女は、結局40歳という若さで、自らの命を絶ったという。

変貌する女優マリアンヌ・フェイスフル

マリアンヌ・フェイスフルといえば、大学の頃にアイドル歌手としてデビューした清純そうな女の子だった。確か、ミック・ジャガーの「As Tears Go By」を歌ったのがデビューだった。当時勤めていたレコード会社で発売されていた。

そして思い出した。彼女の主演映画でアラン・ドロンと共演した映画**『あの胸にもういちど』**（68年・日比谷映画公開）のことを。彼女がひたすらオートバイを走らせて、ドロンのもとに駆けつけるという筋だったような気がする。そう、彼女は裸身に黒革のつなぎのライダースーツをまとうというのが印象的で、しかもドロンと出会うシーンでは、ドロンがジッパーの留め金を歯で咥えながら、そろ

『ペルーの鳥』作家で外交官だったロマン・ギャリーの第1回監督作品。ダニエル・ダリューなどの豪華な顔ぶれ

『あの胸にもういちど』フェイスフルの魅力を存分に引き出したカーディフ監督のカメラワークに注目

そろと降ろしていくと、彼女の裸身が露出されるという画面が印象的だった。

「お楽しみはこれからだ」のお楽しみ

「映画に出てきた名セリフ、名文句を記憶の中から掘り起こして、ついでに絵を描いていこうと思う」という書き出しで、この本は始まる。イラストレーターで、エッセイストで、しかも映画監督という多彩な才能を持った和田誠さんの著書『お楽しみはこれからだ』である。和田さんの素敵なイラストと、その映画の名セリフについてのちょっとしたエッセイが、ほぼ見開き2ページで紹介されている。最初の発行は奥付に昭和50年とあるから1975年で、しかもその後に発行されたPART 7も1995年発行だから、いずれにしても、筆者の手元にあるプログラムの年代の映画がほとんどだ。どこを見ても映画に関する豊富な知識と、そして何よりも和田さんの映画愛にほっこりしてしまう。筆者は残念ながらその中の4冊（最初の巻と、PART2、4、5）しか持っていないが、どのページを見ても懐かしさでいっぱいになる。

そんな和田さんの本をめくりながら、今になってはあまり注目されていないが、和田さんも取り上げている映画をいくつか挙げてみよう。

PART2で取り上げている『追憶』（74年公開）、バーブラ・ストライサンド、

『追憶』 THE HELEN MORGAN STORY
監督：マイケル・カーティス　脚本：オスカー・ソウル、ディーン・リズナー、スティーブン・ロングストリート、ネルソン・ギディング　出演：アン・ブライス、ポール・ニューマン、リチャード・カールソン

ロバート・レッドフォード主演の社会派的なラブ・ストーリーとでもいえようか。日本のタイトルだけで見るとノスタルジックな恋愛モノのようだが、実はかなりハードな社会的な問題を扱っている作品だった。監督は社会派のシドニー・ポラック。特に赤狩りの部分が印象的だった。赤狩りでは、多くの映画人が標的にされており、この映画撮影当時でも、その残滓は残されていたからだ。

同じタイトルだが、トーチ・ソングで鳴らした往年の名歌手ヘレン・モーガンを描いた『追憶』（58年・ニュー東宝公開）もあった。と言っても、現在モーガンの名を知っている人はどれだけいるだろう。禁酒法時代に歌手・女優として活躍したが、酒によって41歳という若さで亡くなった名歌手である。これを、アン・

『バスター・キートン物語』これまた伝記物。無声映画時代の喜劇俳優キートンを、名脇役ドナルド・オコナーが演じていた

ブライスが演じていた。彼女の名もほぼ忘れられてしまったと思ったが『ハリウッド黄金期の女優たち』（逢坂剛・南伸坊・三谷幸喜の共著）では、ちゃんと紹介されていた。この本の鼎談の中で逢坂さんは、戦後の「スクリーン」人気投票では、ずっとトップクラス。何度も表紙に起用されています、と述べている。

そういえば、同じ実在の人物を扱った**『バスター・キートン物語』**（57年公開）でも出ていたっけ。

『荒野を歩け』（62年・東劇公開）も、和田さんの本をめくって思い出した。和田さんは、名セリフとして「片思いでもいいの。二人分愛するから」というアン・バクスターがローレンス・ハーヴェイに言うセリフを挙げている。これにジェーン・フォンダ、キャプシーヌ、バーバラ・スタンウィックが絡むというシリアスな愛憎劇だった。これを筆者は高校を卒業する3月に同級生のガール・フレンドと観に行った記憶がある。内容は覚えていないが、タイトルバックの黒猫がただ歩いているような映像が印象に残っている。後で確かめると、有名なソール・バスのデザインだった。監督はエドワード・ドミトリク。

プログラムには、この時併映されていた『狂熱のツイスト』という短編映画が掲載されていた。この当時、ツイストが流行っていたんですね。半世紀以上も前の話。

PART2で紹介されている**『さらば友よ』**（68年・日比谷映画公開）は、アラン・ドロンとチャールズ・ブロンソン共演の男の友情サスペンスだ。対照的な

『荒野を歩け』原作は、あの『黄金の腕』のネルソン・アルグレン。1930年代のニューオーリンズの話だ

『さらば友よ』ドロンとブロンソンという異色な組み合わせに加えて、あのフォッセイの成長した姿が魅力

キャラクターだが、それを巧みに演じ分けている。ブロンソンのタバコにドロンがライターで火をつけるシーンがカッコ良かった。ブロンソンが「マンダム」のCMで評判を取ったのは何十年前になるだろう。

鬼才スタンリー・キューブリックの挑戦

のちにさまざまな問題作を放つ鬼才のスタンリー・キューブリック監督の作品を、一番最初に観たのは**『現金《げんなま》に体を張れ』**（57年・丸の内東宝公開）だった。

その頃は、ただただドキュメンタリー・タッチに展開されるカメラワークと、ギャングの一味が、競馬場の金庫から200万ドルといった大金をいかにして周到な計画のもとに強奪するかという手に汗握る展開に圧倒されたものだった。

最後は、主人公だけが生き残り、この大金をトランクに詰めて飛行機で逃げようとするが、その直前、貨物運搬車に乗せられたトランクが転がり落ち、錠前が外れ、一瞬にして奪った現金がまるで紙屑のように舞い上がって飛び散ってしまう。まさに邦題の「現金に体を張れ」というのは、このシーンを表したものだった。呆然とする主人公に刑事が静かに迫ってくるシーンで、エンディングとなる。

改めてプログラムを読み返すと、キューブリックはもともと雑誌「ルック」のカメラマンだったという。それだけに、ドキュメンタリー・タッチのカメラワークで、このハリウッドにおけるメジャー・デビューを飾ったのだ。この手法はや

『現金に体を張れ』 THE KILLING
監督・脚色：スタンリー・キューブリック　原作：ライオネル・ホワイト　出演：スターリング・ヘイドン、コリーン・グレイ、ジェイ・C・フリッペン、マリー・ウインザー

はり『博士の異常な愛情』でも遺憾なく発揮された。のちに『２００１年宇宙の旅』（68年・テアトル東京公開）、**『時計じかけのオレンジ』**（72年公開）などの名作を生み出すことを予感させる作品であった。

ちなみに当時の『現金に体を張れ』のプログラムには、カブリックと表記されており、それからだいぶ後に公開された『博士の異常な愛情　又は私は如何にして心配するのを止めて水爆を愛するようになったか』（多分、これが史上最高に長いタイトルだろう）では、クブリックと表記されている。さすがに『時計じかけのオレンジ』で、やっと今は定着しているキューブリックと表記されるようになった。もっとも実際の発音ではクーブリックに近いらしいが。

『時計仕掛けのオレンジ』この題名の意味は、表面上はまともだが、実はかなり変だそうな

筆者の好きな『**博士の異常な愛情**』(64年・みゆき座公開)は、まさに怪優怪演満載の映画だった。ピーター・セラーズが、ライオネル・マンドレイク英空軍大佐、マフリー米大統領、ストレンジラブ博士の3役を演じ分け、それにジョージ・C・スコット、スターリング・ヘイドン(彼は『現金に体を張れ』での主役を演じていた)、キーナン・ウィンというアクの強い役者が絡むというのだから面白くないはずはない。

核弾頭をつけた攻撃機が、誤った指令の下にソ連に向けて発進し、地球はいたるところで核爆発を起こしてしまう。その最後のシーンに、甘いラブソング「また会いましょう」が流れるという衝撃的で、皮肉なエンディングだった。当時のプログラムには、「この映画に描かれているような事故は過去においても、将来においても、まったく起こり得ない。また登場人物もすべて架空であって、実在の人物とはなんの関係もない」という文章が、わざわざ載っている。製作から半世紀以上経った今でもこう断言できるかどうか、はなはだ疑問なのが今さらながら怖い思いがする。

『博士の異常な愛情』何回観てもおもしろい辛口コメディだが、これが現実にならないとは限らない

さよなら、ヒッチコックさん

サスペンス映画の巨匠だったアルフレッド・ヒッチコック（1899－1980）監督はイギリス出身だが、ハリウッドに移籍してから次々とヒットを飛ばした。筆者は、イギリス時代の名作『バルカン超特急』（41年公開）はおろか、ハリウッド時代になっての『レベッカ』（51年公開）や『ダイヤルMを廻せ！』（54年公開）などもリアルタイムでは観ていない。辛うじて『裏窓』（55年・日比谷映画）は初公開ではなかったが、再上映で観ている。リアルタイムで初めてヒッチコック作品を見たのは、56年公開の**『知りすぎていた男』**（日比谷映画）である。ジェームス・スチュアートとドリス・ディの主演で、彼女の歌った『ケ・セラ・セラ』が大ヒットした。しかし、そのあとは同じような邦題でヘンリー・フォンダ出演の**『間違えられた男』**（57年・日比谷映画公開）、ケーリー・グラント出演『北北東に進路を取れ』（59年公開）、そしてアンソニー・パーキンス主演**『サイコ』**（60年・日比谷映画公開）をリアルタイムで観たのが、彼の全盛期の映画だったような気がする。もちろんその後の**『鳥』**（63年・丸の内ピカデリー公開）、**『マーニー』**（64年公開）も良かったが、その後の**『引き裂かれたカーテン』**

『間違えられた男』犯人とよく似た男に間違えられ冤罪に悩む夫婦の話。妻のヴェラ・マイルズが良かった

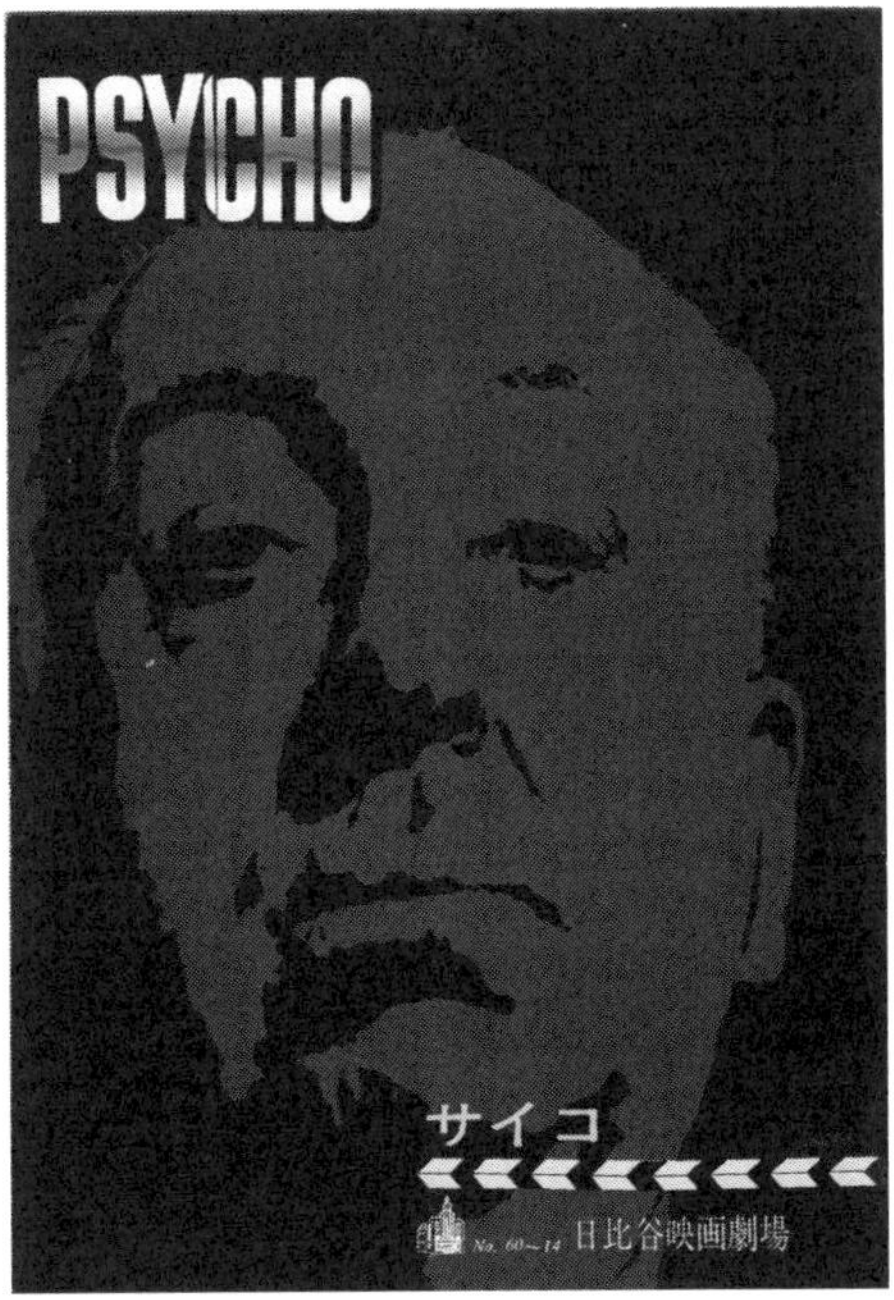

『サイコ』PSYCHO
監督：アルフレッド・ヒッチコック　原作：ロバート・ブロック　脚色：ジョゼフ・ステファノ
出演：アンソニー・パーキンス、ヴェラ・マイルズ、ジョン・ギャビン、ジャネット・リー、マーティン・バルサム

（66年・日比谷映画公開）、『トパーズ』（69年・日比谷映画公開）、『フレンジー』（72年公開）は、いずれも期待はずれだった。最後の作品である76年公開の『ファミリー・プロット』も、結局観ることなく終わった。

『鳥』は、人間以外からの恐怖を感じさせたサスペンスとして新機軸だったたし、また『マーニー』は、精神的な疾患から盗みを働いてしまうという美女を描き、『サイコ』と似たモティーフで演出の冴えを見せた。

アカデミー賞も、41年製作の『レベッカ』から61年の『サイコ』まで監督賞に5回ノミネートされているが一度も受賞はならなかった。68年にアービング・G・タルバーグ賞を授与されて、ようやくアカデミー賞無冠を免れた。

『鳥』鳥という人間では制御できない存在をサスペンスの要素にしたのが鮮やか。次第に迫る恐怖が画面からも伝わる

『マーニー』美人だが盗癖のある妻へドレンに向き合うのが、ショーン・コネリーだった

彼のブロンドのクール・ビューティ贔屓は、以前から知られていたが、『泥棒成金』のグレース・ケリーがモナコ王妃になってからは、ケリーの再来と謳われたティッピ・ヘドレンを『鳥』と『マーニー』に起用した。しかし、その後はポール・ニューマンが主演した『引き裂かれたカーテン』のジュリー・アンドリュースはともかく、『トパーズ』のダニー・ロバン（フランスでは有名だが）、『フレンジー』では、イギリスでは有名らしいがバーバラ・リー・ハントという今ひとつバリューのない女優を起用して失敗している。

　筆者世代からすると、テレビの「ヒッチコック劇場」が懐かしい。１９５７年から62年まで日本テレビ系列で放映された。ヒッチコックの声には声優の熊倉一雄が当たり、テーマ音楽とともに独特の雰囲気を醸し出した。

　最近になって、盗みを繰り返すという謎の美女を描いた『マーニー』が、なんとオペラ化されたのには驚いた。２０１８年11月にニコ・ミューリー作曲によってメトロポリタン・オペラで初演された。タイトルロールには美貌のメッゾソプラノ歌手イザベル・レナードが演じて評判をとった。

『引き裂かれたカーテン』原子物理学者をポール・ニューマンが演じ、その婚約者がジュリーという配役

ダルトン・トランボのことは知らなかった

正直、ダルトン・トランボ（1905－76）の名前をはっきりと認識したのは、2015年に公開されたジェイ・ローチ監督の映画『トランボ　ハリウッドに最も嫌われた男』を観てからであった。なんとも迂闊な話だが、マッカーシズムのことも赤狩りのことも一応常識的には知っていたつもりだったが、その中でトランボという辣腕のシナリオライターが、その災禍に巻き込まれて入獄し、出獄後も偽名を使いあるいはゴーストライターとして活躍していたことは知らなかった。とくに、あの**『ローマの休日』**（54年公開）や、大好きだった**『黒い牡牛』**（56年・スカラ座公開）の脚本家が彼だったとは。前者はイアン・マクレラン・ハンター名義、後者は原作ロバート・リッチ名義であったが、後にアカデミー賞の授賞式で名誉が回復されている。

『黒い牡牛』には、ちょっとした思い出がある。この映画は、主人公の少年が育てた牛が、闘牛用として売られてしまう。それを追いかける少年が見た時は、すでに闘牛場で名闘牛士と対峙していた。しかし死闘を繰り広げる牛に対して観客は感動し、インダルト（牛を釈放せよ）との声が上がり、解放される。少年は闘

『ローマの休日』身分違いの恋を描いた不朽の名作。オードリーを引き立てるペックの渋さも魅力だった（再上映の武蔵野館公開のもの）

『黒い牡牛』 THE BRAVE ONE
監督：アーヴィング・ラッパー　原作：ロバート・リッチ　脚色：ハリー・フランクリン、マーリル・G・ホワイト　出演：マイケル・レイ、ロドルフォ・ホヨス、エルザ・カルデナス、フェルミン・リヴェラ

牛場の中で愛する牛と再会できる、という感動的な映画だった。その後、筆者はスペインで初めて闘牛を見たときに、このめったに遭遇しないインダルトの瞬間を目撃して、その時にこの映画を思い出したのだ。

『ガンヒルの決斗』（59年・日比谷映画公開）は、ジョン・スタージェス監督の「決斗三部作」の一つで、脚本名義はジェームス・ポーとなっている。その後、超大作のスタンリー・キューブリック監督『スパルタカス』（60年製作）、オットー・プレミンジャー監督**『栄光への脱出』**（61年・東劇公開）、ヴィンセント・ミネリ監督『いそしぎ』（65年公開）でようやく脚本家としてクレジットされるようになった。

『栄光への脱出』オットー・プレミンジャー監督がイスラエル建国のエピソードを壮大なドラマに仕上げた

71年になって、かつて自分が小説として著した「ジョニーは銃をとった」を、自らメガホンを取って**『ジョニーは戦場に行った』**（73年・みゆき座公開）が製作された。

その後、73年にはスティーブ・マックィーンとダスティン・ホフマンが共演した**『パピヨン』**（74年・テアトル東京公開）を、73年には**『ダラスの熱い日』**（74年・日比谷映画公開）を製作。後者は、トランボの最後の作品になるが、彼にとってケネディの死はことさら胸に刻まれた事件であったに違いない。ケネディが大統領になって、やっと彼に復権のきざしが見えてきたのだから。

後に当時の状況を映画化した91年製作アーウィン・ウインクラー脚本・監督『真実の瞬間』（91年公開）があった。もしトランボが生きていてこの映画の脚本を担当していたらと考えると、もっと生々しいものになっていたに違いない。

『ジョニーは戦場に行った』自分が書いた反戦小説を自らメガホンをとって製作。題名は第1次大戦時の志願兵を募るコピー

『ダラスの熱い日』ケネディ暗殺は政府内の陰謀だとする説を事件10年後に描いた、いわば告発映画

ベルイマンって、難解ですか？

スウェーデン映画の巨匠イングマール・ベルイマン（1918－2007）の作品を最初に観たのは、**『処女の泉』**（61年・丸の内松竹公開）だった。次に観たのが『野いちご』（62年・ATG公開）で、ATGはその後も『第七の封印』（63年公開）、**『鏡の中にある如く』**（64年公開）、『道化師の夜』（65年公開）と立て続けにベルイマン作品を公開していた。その間にみゆき座で**『沈黙』**が64年に、**『叫びとささやき』**が74年に公開されている。そして最後は彼の遺作でもあり、スウェーデンが生んだ大女優イングリッド・バーグマンと、彼のパートナーでもあったリヴ・ウルマンとの火花を散らすような愛憎劇『秋のソナタ』（78年公開）が筆者の観たベルイマン作品のすべてである。

『処女の泉』は、美しい娘が3人の男に犯された上に殺され、それを父親が復讐をすると、娘の遺体があったところから泉が噴き出してくるという極めて宗教的な内容だ。しかし娘が男たちに犯されるシーンがあまりにも写実的であるということから、各国で公開が禁止されるというようなこともあったという。ベルイマンは、性と死をつねに真正面から取り上げた監督で、そのあとの『沈黙』でも女

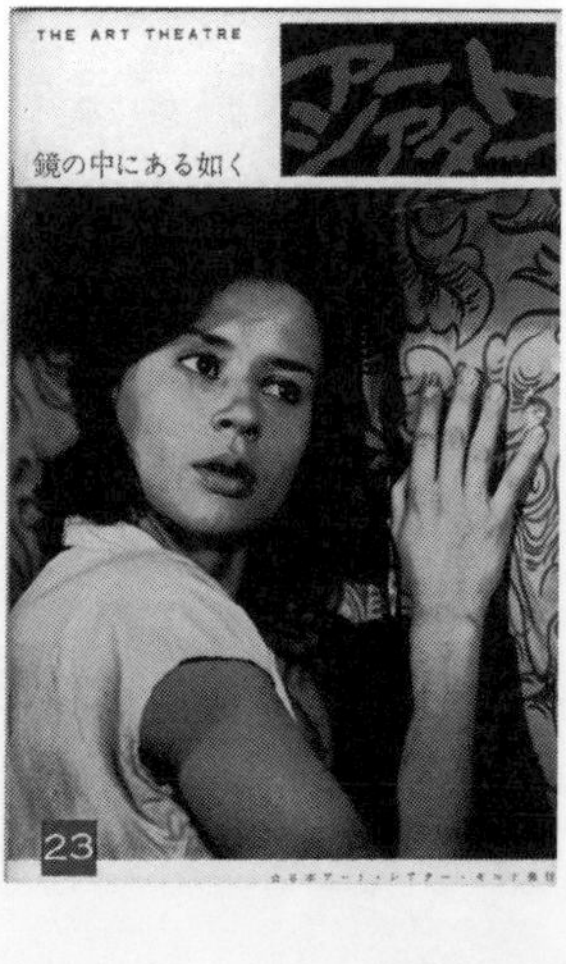

『鏡の中にある如く』ベルイマン三部作の一つ。まるで舞台劇を見ているような心理描写に圧倒される

『処女の泉』少女が暴行されるシーンがあまりにも衝撃的だというので、各国で上演禁止になった

性が自慰するシーンを描写して問題となった。

それらとは対照的に、老人の一日の平凡な生活を通して、人生の虚しさや孤独を淡々と描いた『道化師の夜』は、人生の儚さをもう少し具体的に描いた佳編であった。オペラの「道化師」によく似た筋立てであるのも面白かった。

しかし、彼の主たるテーマは、やはり「神の沈黙」であろうと『道化師の夜』が掲載されたATGの機関誌の中で、作家の村松剛が述べている。言い換えればそのことによって世の不条理を暴くという作業に他ならない。

ベルイマン自身も、『冬の光』（75年公開）と『鏡の中にある如く』、『沈黙』の3本を自ら三部作として共通のテーマを捉えている。

前作から7年ぶりに撮ったのが『叫びとささやき』（74年・みゆき座公開）であった。4人の女があるお城に集まった。一人は死ぬために、一人は看病のため、後の二人はただ見守るために。ベルイマンは、この映画を「あなたのために作りました」というメッセージを寄せている。そして、この映画が自分の心に一番かなっていると。

こう考えてくると、確かにベルイマンの作品は、宗教性の稀薄な日本人にとってはやや難解なテーマを提示している。それゆえ、ベルイマン作品は、むずかしく一般受けしない映画という定評がなくはなかったが、一部に熱狂的に評価する人たちもいたことも事実である。

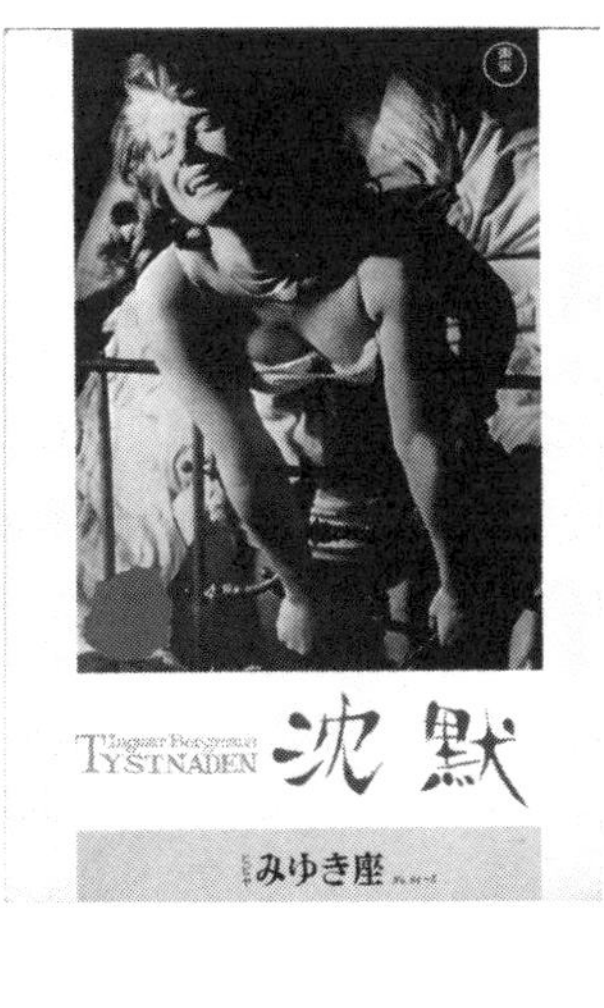

『沈黙』ベルイマン監督が描く「神の沈黙」三部作の最後の作品。姉と妹の葛藤を通じて、人間の本性が次第にあらわになっていく

『叫びとささやき』4人の女性の愛と孤独を、ベルイマン作品常連の女優たちが繰り広げる

ミュージカルに首ったけ

最初に観たミュージカル映画はなんだったのかと調べてみると、名コンビのロジャース&ハマースタイン2世の5作目のブロードウェイ・ミュージカルを映画化した**『王様と私』**(56年・有楽座公開)だった。ユル・ブリンナーが注目を集めたのも、この映画からではなかったか。彼はこの役でオスカーを獲得したが、筆者はやはり、圧倒的にアンナを演じたデボラ・カーに魅力を感じてしまった。このミュージカルに限らず、この頃ブロードウェイでヒットした作品が続々映画化された。その後のロッサノ・ブラッツィ、ミッツィ・ゲイナー主演の**『南太平洋』**(59年・ピカデリー公開)も、劇中で歌われる「バリハイ」「魅惑の宵」などの名曲揃いで好きな映画だった。

もちろん、今もってミュージカルは根強い人気を誇っているが、60年代に映画化されたミュージカルのプログラムで絞ってみても、ナンシー梅木やジェームス繁田も出演していた**『フラワー・ドラム・ソング』**(62年・スカラ座公開)、アン=マーグレット、パット・ブーン、ボビー・ダーリンなど若手が出演していた3度目のリメーク**『ステート・フェア』**(62年公開)、狂乱の1920年代を舞台の

『南太平洋』この頃のミュージカルはなんとおおらかだったのだろう。名曲が画面から溢れてくる。表紙はミッツィ・ゲイナー

『モダン・ミリー』1920年代のニューヨークを舞台に繰り広げられるミュージカル。『スティング』のジョージ・ロイ・ヒル監督

ジュリー・アンドリュース主演**『モダン・ミリー』**（67年・有楽座公開）、円卓の騎士を主人公にしたリチャード・ハリス、フランコ・ネロ主演**『キャメロット』**（67年公開）などなど。それにしても、ロジャース＆ハマースタイン2世の作品は、『南太平洋』『ステート・フェア』も、そして大ヒットした『サウンド・オブ・ミュージック』も、ことごとく舞台でも映画でも大ヒットを飛ばしている。

ディズニー製のミュージカル『最高にしあわせ』（68年・スカラ座公開）は、当時ミュージカル・スターだったトミー・スティールが主役を演じている。この後の**『心を繋ぐ6ペンス』**（68年・スカラ座公開）でも彼が主役だった。H・G・ウエルズのハートウォームな小説が原作のこの『心を繋ぐ6ペンス』は70ミリ映画が売りだった。

あの007を書いたイアン・フレミング原作の**『チキチキバンバン』**（68年・スカラ座公開）も、ミュージカル・ファンならずともオールドカー・ファンにも見逃せない映画だった。ミュージカル映画では珍しい巨匠ウィリアム・ワイラー監督による**『ファニー・ガール』**（69年・有楽座公開）では、バーブラ・ストライサンド、オマー・シャリフが出演していた。

同じ60年代でも、コール・ポーターの名曲で綴った**『カンカン』**（60年・ピカデリー公開）は、シナトラ、マックレーン、シュヴァリエといった芸達者揃いで、同じブロードウェイ・ミュージカルの映画化でも一味違っていた。

フランス初の70ミリ映画という**『ブラック・タイツ』**（61年・公開）は、今か

『心を繋ぐ6ペンス』エドワード朝をイギリスを舞台にしたミュージカル。日本でも上演されヒットした

『チキチキバンバン』ヴィンテージの自動車マニアには堪えられないファンタジー・ミュージカル

『ブラック・タイツ』UN,DEUX,TROIS,QUATRE!
監督：テレンス・ヤング　振付：ローラン・プティ
出演：ジジ・ジャンメール、シド・チャーリス、モイラ・シアラー、モーリス・シュヴァリエ

ら見ると伝説的なダンサーたちによる、ブロードウェイとは一味も二味も違ったテイストのミュージカルだった。モダン・バレエの第一人者だったローラン・プチを中心に、彼の妻で歌って踊れるジジ・ジャンメール、『赤い靴』のモイラ・シアラー、『絹の靴下』のシド・シャリースなどが70ミリ画面で縦横に踊るさまは、まさに圧巻（執筆中の２０２０年７月17日にジジの訃報が伝えられた。享年96）。

ミュージカル映画は、70年代になっても続々と上映された。

オリジナルのブロードウェイ上演は64年、そして早くも3年後の67年には日本でも帝国劇場で森繁久彌が演じた**『屋根の上のバイオリン弾き』**が、ようやく映

『カンカン』世紀末のパリが舞台で、マクレーンが縦横に活躍。コール・ポーターの音楽がなんとも魅力

画では71年になって有楽座で公開された。劇中で歌われる「サンライズ・サンセット」は、何よりも心に響いた名曲だった。映画のテビエ役は、ロンドンのウエストエンドでもこの役を演じたハイアム・トポルが務めていた。

翌72年にやはり有楽座で公開された『ラ・マンチャの男』もまた、映画よりは日本での上演が先行したミュージカルだった。オリジナル上演は65年、4年後の69年に市川染五郎（現2代目松本白鸚）が主役を演じた。彼は70年には本場ブロードウェイでも同役を演じた。映画では、ピーター・オトゥールが同役を演じ、アルドンサ役はソフィア・ローレンだった。

時代はだいぶ下がるが、85年に公開された**『コーラス・ライン』**（リチャード・アッテンボロー監督）も、いかにも新しいミュージカルを感じさせる作品だった。ミュージカルのコーラスに参加するにも厳しいオーデションが待っている。そのオーディションを受ける17人のダンサーたちのそれぞれの人生をあぶりだしていくという、いわばバック・ステージものの構成だったが、それをここまでのミュージカルに仕上げた才能に脱帽だ。これをブロードウェイのシューバート劇場でナマで観た経験がある。しかし、このミュージカルはそれぞれのダンサーが人生を語るというものだけに、正直、あまり内容がわからなかったという記憶があった。この映画を観てようやく納得した次第。これも映画公開よりも、劇団四季の上演の方が早かった。

『屋根の上のバイオリン弾き』日本でも大ヒットしたミュージカル。森繁久彌が演じたテビエとはだいぶ違う

『コーラスライン』舞台とはかなり違った演出で物議を醸したが、それはメディアの表現の違いを理解したい

BBブームがあった時代

BBをべべと読む人は、もうだいぶ少なくなっただろう。BBことブリジット・バルドーは、50年代後半から60年代にかけてのフランス映画界のアイドルだった。筆者の手元にあるプログラムで一番古いのは、57年スカラ座公開のミッシェル・ボワロン監督『**殿方ご免遊ばせ**』だ。邦題も、いかにも昭和っぽいネーミングだが、共演にシャルル・ボワイエ、アンリ・ヴィダルを配してバルドーの小悪魔的な魅力を存分に発揮した作品だった。

もっとも、筆者が最初に観たバルドー映画は、その前年に製作された『裸で御免なさい』『素直な悪女』だったはずだが、それらのプログラムはなく、手元にあるのは、『**私生活**』（62年公開）、『**戦士の休息**』（63年公開）、『**軽蔑**』（64年公開）で、いずれもみゆき座でのロードショーだった。

『私生活』は、みゆき座が東宝系の洋画劇場として新発足（それ以前は大映系封切館）した記念すべき一作だった。プログラムに挟まれた挨拶の中で「厳選された格調高いヨーロッパ映画」を上映すると宣言している。監督はルイ・マル。彼は、BBのようなスターが、社会のどんなところに置かれているか、彼女自身が

『殿方ご免遊ばせ』フランス首相の娘のバルドーが、奔放な行動でシャルル・ボワイエの某国殿下を惑わす

世間をどう見ているかなどを率直に描いてみたかった、と語っていただけにフィクションではあるが、タイトル通り彼女の私生活を覗いたような気分になる映画だった。共演はマストロヤンニ。彼女が気だるそうにハスキーヴォイスで歌う「シドニー」が魅力的だった。冒頭の歌詞は今でも覚えている。

『戦士の休息』（63年・みゆき座公開）は、かつてパートナーだったロジェ・ヴァディム監督作品。原作は女流作家のクリスティアーヌ・ロシュフォールの同名の小説だ。共演はロベール・オッセン。

一方、『軽蔑』（64年・みゆき座公開）は、ジャン＝リュック・ゴダール監督作品で、これも原作ものでイタリアの作家アルベルト・モラヴィアの同名小説。共

『私生活』文字通りのバルドーの私生活を、虚実入り混じらせながらドキュメンタリー・タッチで描く

『軽蔑』LE MEPRIS
監督・脚色・台詞：ジャン＝リュック・ゴダール　原作：アルベルト・モラヴィア　出演：ブリジット・バルドー、ミッシェル・ピコリ、ジャック・パランス、フリッツ・ラング

演は、舞台俳優だったミッシェル・ピコリ。（この原稿の執筆中の2020年5月に、彼が亡くなったという記事が出た。享年94。訃報には、この『軽蔑』が代表作とされていた）共演者は西部劇で悪役専門だったジャック・パランスと、映画監督のフリッツ・ラングが出演している。貞淑だった妻が、或る日突然、夫に対して激しい軽蔑を感じ、それに気づいた夫もまったくその理由がわからずに深みにはまっていく……。まあ、テーマ的にはよくある話ですね。

このBBことバルドーと当時、人気を二分したと言われていたのがミレーヌ・ドモンジョだ。正直、バルドーに比べるといまひとつの活躍だったが、日本では人気があった。ジーン・セバークの出世作『悲しみよこんにちは』にも出演していたが、脇役だったために印象が薄かったし、アラン・ドロンと共演した『お嬢さん、お手柔らかに！』でも、ササールやプティにお株を奪われていた。**『ローマの恋』**（62年・ニュー東宝公開）というあまりヒットしなかった作品にようやく存在感を発揮し、さらにジャン＝ポール・ベルモンド主演のコメディ・タッチのアクション映画**『タヒチの男』**（67年・日比谷映画公開）で、彼の相手役となって持ち味であるグラマーな肢体でありながら、気の良さを感じさせる女性を演じた。

そんな気のおけない性格が魅力となり、来日のたびごとに日本ではファンを増やし、のちに幾つかの日本映画にも出演していた。

『ローマの恋』斜陽貴族の一人息子にドモンジョとマルティネッリの二人の美女が絡む、ほろ苦い恋物語

『タヒチの男』ベルモンドの魅力で持つ作品だが、それに華を添えるのがドモンジョの明るい美女ぶり

子供には、かなわない

子供が主役の映画といえば、何と言っても第一に指を屈するのはルネ・クレマン監督の不滅の名作『禁じられた遊び』（52年製作）だろう。日本では翌年の9月に公開された。ナルシソ・イエペスのギター「愛のロマンス」が流れる中、ポーレット（当時5歳のブルジット・フォッセイ）が「ミッシェル、ミッシェル」と叫びながら、駅の雑踏の中に紛れていくシーンは何年経っても忘れられない。と言っても、筆者も初公開時点では観ているわけではなく、のちに何回か再上映された中で観た思い出がある。

ついで泣かせる映画が『**汚れなき悪戯**』（57年・テアトル東京公開）であろう。敬虔なカトリック教徒の多いスペイン映画らしく、最後は悪戯をした少年が神に召されていくというストーリーだ。マルセリーノ役のパブリート・カルボ少年のなんともあどけない表情が魅力的だった。これも主題歌の「マルセリーノの歌」が大ヒットした。

同じ年に『ハッピー・ロード』（57年・スカラ座公開）が上映された。ジーン・ケリーの第1回監督作品だが、11歳の男の子と女の子が寄宿舎を抜け出して、離

『汚れなき悪戯』マルセリーノ少年のあどけない姿が今でも目に焼きつく。それにしても、なぜ神は少年を天に召されたのだろうか？ ラディスラオ・バホダ監督

『アルプスの少女』もう何回も映画化されている原作だが、これは比較的原作の味を損なわない展開

れて暮らす父親に会いにいくというお話。ここで『禁じられた遊び』のブリジット・フォッセイの成長した姿が見られたのが収穫だった。

子供向けの定番といえば、ヨハンナ・シュピリ原作の『アルプスの少女ハイジ』であろう。戦前から戦後も、いくたびも実写でもアニメでも映像化されているが、58年にスカラ座で観た**『アルプスの少女』**は、ウィキペディアにも載っていない。スイスの監督ラザール・ウエックスラー監督のもので、かなり原作に忠実な映画化だった。

同じ年にやはりスカラ座で公開された**『野ばら』**は、ドイツの名子役ミハエル・アンデ扮するハンガリー動乱でオーストリアに逃れた少年が、さまざまな試練を乗り越えて、ウィーン少年合唱団に入団するというストーリーだった。本物の合唱団も出演して、彼らの生活ぶりやオーストリアの美しい風景が興味を引いた。

泣かせるというよりも子供たちの痛快な活躍ぶりが楽しい**『エミールと少年探偵団』**（59年公開）と『罠にかかったパパとママ』（61年公開）は、いずれもドイツの小説家エーリッヒ・ケストナー原作の映画化である。筆者にとっては、ケストナーはチョーがつくほど大好きな作家であった。前者は、西ドイツ映画だったが、後者は『二人のロッテ』のリメイクで、アメリカ映画になるとかなりテイストが違っていたのが気になった。

これまた筆者の大好きなテノール歌手フェルッチョ・タリアヴィーニが出演し

『野ばら』何よりもウィーン少年合唱団の生の歌声が聴けるのが魅力。今も毎年日本での公演が人気だ

『エミールと少年探偵団』筆者が少年の頃夢中で読んでいたケストナーの原作を、現代に移しての映画化

た映画『**忘れな草**』（61年・ニュー東宝公開）も、文字通り忘れがたい作品だった。キャリアウーマンでシングルマザーの主人公が、彼女の一人息子が慕うタリアヴィーニと出会い最後は結ばれるというたわいない内容だが、何と言ってもタリアヴィーニの歌声が存分に聴けるのが嬉しかった。題名の曲も劇中でたっぷり聴かせてくれた。

子供も成長すると恋をする。そんな幼い恋を見事に描いたのが『**リトル・ロマンス**』（74年・公開）であった。このなんともほのぼのとしたラブ・ストーリーの監督が『明日に向って撃て！』や『スティング』を撮ったジョージ・ロイ・ヒルだったのも意外だった。13歳の二人がヴェルサイユで出会い、永遠の愛を誓うためにパリからヴェネツィアへと旅立って、有名な「ため息の橋」の下でのサンセット・キッスをするというもの。この少女がのちの名女優ダイアン・レインだが、もちろん筆者が見た当時は彼女がそれほどの女優に成長するとは夢にも思っていなかった。二人の幼い恋を後押しする老紳士にはイギリスの名優ローレンス・オリヴィエが扮しているのも粋なキャスティングだった。

『忘れな草』題名曲をはじめ「ヴォラーレ」から「人知れぬ涙」までタリアヴィーニのリリックな歌声を堪能

『リトル・ロマンス』フランスの人気小説をヒル監督が映画化して一躍話題に。多感な少年少女の愛が微笑ましい

私が愛した007

ジェームス・ボンドのキャラクターを決定づけたのは、明らかに初代007であるショーン・コネリーだが、現在までシリーズとして24本（2020年現在）のうち、彼は初期の6作しか出演していない。一番多く007を演じたのは3代目のロジャー・ムーアでコネリーを1本上回る7本に出演している。2代目のジョージ・レーゼンビーは6作目1本きりだ。6代目のダニエル・クレイグの評判が良く、最新作を入れて5本演じている。一番、ボンド役としてははまり役かもしれない。

とはいえ、このシリーズはほとんど観ているはずの筆者だが、手元にあるのは初期の頃の5冊だけだ。第3作目**『ゴールドフィンガー』**（65年公開）、4作目の**『サンダーボール作戦』**（65年公開）はいずれもショーン・コネリー主演、6作目の**『女王陛下の007』**（69年公開）ではジョージ・レーゼンビーに替わり、それと3代目ボンドのロジャー・ムーアの10作目**『私を愛したスパイ』**（77年公開）、11作目**『ムーンレイカー』**（79年公開）、15作目のティモシー・ダルトンの**『リビング・デイライツ』**（87年公開）しかない。いずれも日比谷映画での初公開だっ

『サンダーボール作戦』第4作目。1、2作目のテレンス・ヤング監督とのコンビが復活し、前作の3倍もの製作費を投じて大成功

『女王陛下の007』第6作目。2代目ボンドとして起用されたレーゼンビーはこれ一作のみ

たと思う。

第1作目『ドクター・ノオ』が日本で公開されたのが63年、最近作のダニエル・クレイグの『ノー・タイム・トゥ・ダイ』まで57年経つというから、作品数では負けるものの寅さんシリーズを上回る息の長さだ。ここに紹介したのはすべてイオン・プロの製作だが、それ以外にも2作品がある。67年の『007カジノ・ロワイヤル』はやや毛色が違った作品だったが、コネリーにとって最後のボンド役だった『**ネバーセイ・ネバーアゲイン**』(83年公開)も、結構ひねりが効いて楽しかった。どの作品も徹底したエンターティンメントに仕上がっているのが、これだけ長く支持される要因だろう。

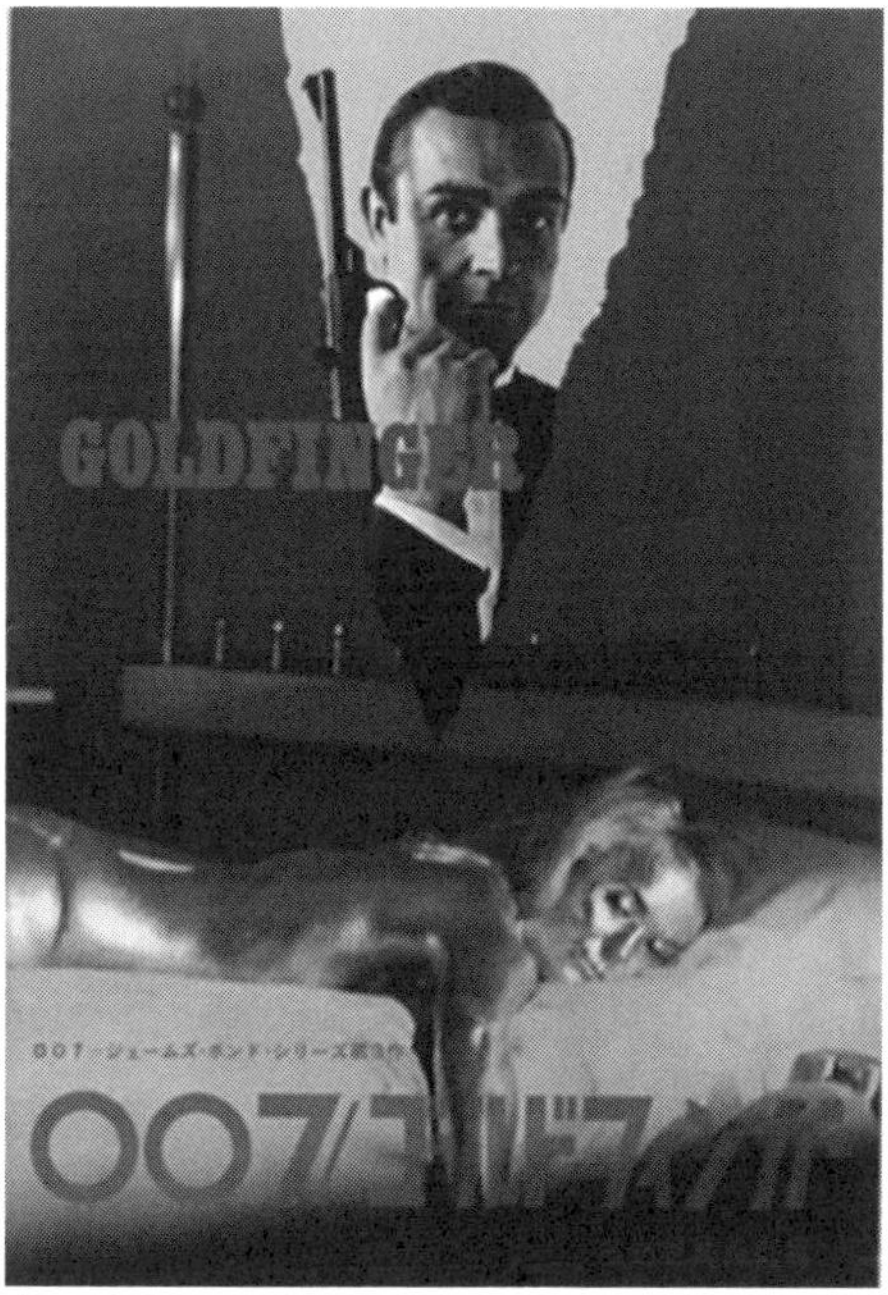

『ゴールドフィンガー』GOLDFINGER (007シリーズ第3作)
監督:ガイ・ハミルトン　原作:イアン・フレミング　脚色:リチャード・メイバウム、ポール・デーン　出演:ショーン・コネリー、オナー・ブラックマン、ゲルト・フレーベ、シャーリー・イートン　ハロルド坂田

『私を愛したスパイ』第10作目。ロジャー・ムーアを3代目ボンドに抜擢してから、ますます脂が乗った

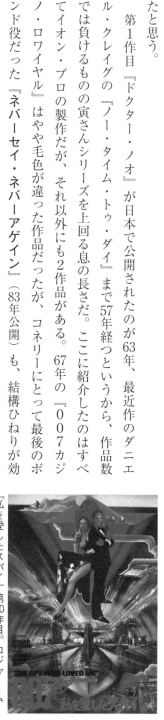

それとボンドと敵対する悪役のキャラクターにも工夫があることだ。こういった展開のストーリーには、主人公に対抗できる強烈なキャラが必要なのは言うまでもない。ちょっと名を挙げただけでも、『ロシアより愛を込めて』では、往年の名舞台女優のロッテ・レーニャ（あの劇作家のブレヒトの奥さん）を起用。他にも『ゴールドフィンガー』にはゲルト・フレーベ、ハロルド坂田、『女王陛下の007』ではテリー・サラバス、『黄金銃を持つ男』では往年の怪奇俳優クリストファー・リー、『私が愛したスパイ』では、数々の名画に主演しているドイツの名優クルト・ユルゲンスなど、個性派揃いのキャスティングが素晴らしかった。

このシリーズでは、つねにボンド・ガールと称される女優陣がいるが、残念ながらこれを足がかりにビッグに成長した女優はそれほど多くはない。『ゴールドフィンガー』のオナー・ブラックマン、シャーリー・イートン、『ムーンレイカー』のバーバラ・バックなど、そのほとんどは少なくとも日本ではあまり知られていない。多少売れたのは『サンダーボール作戦』のクローディーヌ・オージェぐらいかもしれない。そういえば、日本を舞台にした第5作『007は二度死ぬ』（67年公開）では、浜美枝と若林映子が出ていた。もちろん、日本では当時から有名だったが、世界に羽ばたいてはいない。

『リビング・デイライツ』第15作目。ボンド役もこの作からダルトンに変わって、ちょっとシリアスになった

『ネバーセイ・ネバーアゲイン』いつものイオン・プロダクションではなく、コネリーが久々にボンドに復活

サスペンスはお好き？

映画のジャンルの中でも人気の高いのがサスペンスものであろう。サスペンス・ドラマといってもさまざまな種類があるが、いずれにしても観る者をいかにハラハラドキドキさせるかが、このジャンルの要諦だ。

筆者にとって印象深いのが、随分昔の映画ではあるが『八十日間世界一周』を撮った名匠マイケル・アンダーソン監督の**『生きていた男』**（58年・丸の内松竹公開）である。主演は『十戒』のアン・バクスターに、リチャード・トッド、ハーバード・ロムという演技陣。死んだはずの兄が、突然に屋敷にやってきて、ヒロインが追い詰められるというサスペンスだが、最後のどんでん返しが見事だった。面白いのは、映画の最後に製作者のダグラス・フェナバンクス・ジュニアが登場して「結末は決して話さないでください」というメッセージがあったことだ。上映館でもプログラムの中でもその文言があり、いかに意表をついた結末だったかが窺えよう。

そのほか懐かしいのがスティーブ・マックィーンにフェイ・ダナウェイのミニスカートが眩しかった**『華麗なる賭け』**（68年・日比谷映画公開、以下同じ）、『日

『華麗なる賭け』フェイ・ダナウェイ扮する女性調査員のミニスカート姿が眩しかった。ノーマン・ジュイソン監督作品

曜はダメよ』のジュールス・ダッシン監督、メリナ・メルクーリ主演『トプカピ』（64年公開）、アラン・ドロンとチャールズ・ブロンソンという異色の顔合わせによるフランス映画『さらば友よ』（68年公開）などもサスペンス感あふれる作品だった。

同じフランス映画でも、ジャン＝ポール・ベルモンドの『**リオの男**』（64年公開）をはじめとする『……の男』シリーズは、ややコメディ・タッチのロマンチック・サスペンスとでもいうべきものか。『リオ』では、当時22歳だったフランソワーズ・ドルレアック（カトリーヌ・ドヌーヴの実姉）が相手役。ドルレアックは、その後トリュフォーの『柔らかい肌』でも出演しているが、25歳の時交通

『生きていた男』CHASE A CROOKED SHADOW
監督：マイケル・アンダーソン　脚本：デビット・オスボーン、チャールズ・シンクレア　出演：アン・バクスター、リチャード・トッド、ハーバート・ロム

お願い！

この映画の結末はこの作品の心臓部です。製作担当者のフェアバンクスも映画の最後に、結びについては語って頂かぬ様お願いしております。何卒御覧になった皆様にもこの映画の結末をまだ御観覧ならぬ方におもらしにならぬ様御願い致す次第です。

『生きていた男』のプログラムには、わざわざ結末を漏らさないようにというお願いが記載

『リオの男』ブラジルに連れ去られた婚約者を助けるフランス空軍兵士がベルモンド。フィリップ・ド・ブロカ監督

事故で亡くなっている。続く『黄金の男』（65年公開）では、ジーン・セバーグという『勝手にしやがれ』コンビが復活。続いて『カトマンズの男』（65年公開）では、アシューラ・アンドレス、『タヒチの男』（67年公開）では、ミレーヌ・ドモンジョが相手役を務めている。いずれも日比谷映画での公開だった。

同じフランス製サスペンスでも、『男と女』のクロード・ルルーシュが撮ると一味違ったサスペンスに仕上がる。『**流れ者**』（71年・日比谷映画公開）は、ルルーシュ映画常連のジャン＝ルイ・トランティニャンに妻のクリスティーヌ・ルルーシュを起用しての洒落たサスペンスだ。音楽はもちろんフランシス・レイが担当している。

懐かしい美女が活躍するアクション・サスペンスといえば、妖艶なロッサナ・ポデスタが主役を務めるイタリア映画『黄金の七人』（66年・日比谷映画公開）だろう。サスペンスというよりはコメディ・タッチの映画で、半年後には『続・黄金の七人レンボー作戦』（66年公開）が公開されるほどの当時大ヒットを飛ばした。彼女の美しい肢体の魅力と、後の『オーシャンと十一人の仲間』（60年・丸の内東映パラス公開）を思わせる芸達者ぞろいのキャスティングが楽しい。

地味な映画だが、『大いなる野望』で共演したジョージ・ペパードとエリザベス・アシュレーが再び組んだ『**第三の日**』（65年・日比谷映画公開）もサスペンス感のあるものだった。

『流れ者』なんと妻のクリスティーヌは、これが映画初出演。なにしろ素人を扱うのがうまいのがルルーシュ監督

『第三の日』車の事故で同乗していた女性が亡くなったことから、殺人の疑いをかけられるペパードと妻のアシュレーとの間でさまざまに渦巻くサイコ・サスペンス

文芸映画の名作劇場

かつて東宝とともに、直営映画館が多かったのが松竹である。中でも演劇の殿堂でもあった東劇（東京劇場）は、戦前は歌舞伎などの演劇興行の舞台ともなっており、戦後初めて歌舞伎が上演されたのも、ここではなかったか。戦後になって松竹・東急系のロードショー館として復活したが、１９７５年に地上19階という当時としては高層ビルに建て替えられ、松竹本社の他に、現在はライブビューイングなどを中心の映画館になった。手元にある東劇のプログラムでは、たまたまだが名作文学の映画が3本あった。

ユゴー『ノートルダム・ド・パリ』の原作で、戦前はロン・チェニーとチャールス・ロートンが演じていた**『ノートルダムのせむし男』**（57年公開）を、ジャン・ドラノワ監督がアンソニー・クインを起用し、エスメラルダ役にジーナ・ロロブリジーダというキャスティング。他に、アラン・キュニーが共演し、ちょい役ながら女乞食に「暗い日曜日」のシャンソン歌手ダミアが出ていたのも知る人ぞ知るだろう。

次いで東劇で上映されたのが、ジョルジュ・ランバン監督が映画化したドスト

『ノートルダムのせむし男』このころのロロブリジーダは本当に輝いていた。女優を引退してからは写真家・彫刻家として活躍

エフスキーの『**罪と罰**』（57年公開）と続く。原作はペテルブルクだが、舞台をパリに移してロベール・オッセン、ジャン・ギャバン、マリナ・ヴラディが出演していた。

翌58年に公開されたのが、モーパッサンの『**女の一生**』（アレクサンドル・アストリュック監督）だ。主演は、ドイツの名優マリア・シェルと、フランスのクリスチャン・マルカン、これにパスカル・プティも出ていた。マリア・シェルといえば、文芸映画には欠かせない女優だった。ゾラの『居酒屋』、ドストエフスキーの『白夜』（58年・日比谷映画公開）、『カラマゾフの兄弟』、そしてこの『女の一生』と文芸ものが目白押しだ。

『罪と罰』CRIME ET CHATIMENT
監督・脚色：ジョルジュ・ランバン　原作：ドストエフスキー　脚色：シャルル・スパーク
出演：ロベール・オッセン、ジャン・ギャバン、マリナ・ヴラディ、ウーラ・ヤコブソン
（写真はマリナ・ヴラディ）

彼女のフィルモグラフィーを見ると、意外や59年『縛り首の木』、60年『シマロン』と西部劇にも出演している。前者の共演者はゲーリー・クーパー、後者はグレン・フォードだった。

そういえば、丸の内松竹ではセルバンテス『**ドン・キホーテ**』（57年公開）、松竹セントラルでもメリメ『**カルメン**』（60年公開）も文芸映画のジャンルに入るだろう。

この『ドン・キホーテ』の映画は、ソ連時代の最初の大型スクリーン〝キノスコープ〟によるもので、立体音響総天然色と銘打たれている。監督は、グレゴリー・コジンツェフ。ドン・キホーテ役はニコライ・チェルカーソフ、サンチョ・パンサ役はユーリー・トルプーエフと表記されているが、日本ではほとんど知る人も少ないだろう。このプログラムではほぼ2ページを費やしてこの映画に寄せた文化人たち21人のアンケートを列挙している。最初に紹介されている石坂洋次郎は「映画としては飛切り上等の作品だと思います。感心しました。古典のおほらかな精神が見事に再現されています。カラーや画面構成も美しい事、グレコあたりの名画を見ている思いがしました」と述べている。

松竹のプログラムで面白いのは、ほとんど表紙に映画のタイトルが表示されずに、主役の女優の写真のみが大きく載っていることだ。『ノートルダム』では、原題がフランス語のみ表示されてロロブリジーダの写真。同じ松竹系の丸の内ピカデリーの『南太平洋』（59年公開）でも同様でミッツィ・ゲイナーの顔

『女の一生』文芸ものはマリア・シェルの独壇場だった。彼女が出るだけで文芸作品となるというのは言い過ぎか

『ドン・キホーテ』これもソビエト映画の超大作。ソ連最初のシネスコ型を「キノスコープ」と称した

写真（96ページ参照）、丸の内松竹の『ドン・キホーテ』（57年公開）でも、表紙にタイトルは入っていない。『カルメン』（60年・松竹セントラル公開）でも、原題CARMEN JONESと英語で入っているだけで、表紙は主役のドロシー・ダンドリッジの顔写真。松竹のロゴの下には映画館別の通し番号なのか、すべてNo.が振ってあるのも特徴だ。

この『カルメン』は、ビゼーのオペラではなく、彼の音楽にハマースタイン2世が作詞をして現代に置き換えた「カルメン・ジョーンズ」で、主役のカルメン役のドロシー・ダンドリッチはアフリカ系アメリカ人で、この役でアカデミー賞主演女優賞にノミネートされたが、晩年は不遇で42歳で亡くなっている。共演は「バナナボート・ソング」で一世を風靡したハリー・ベラフォンテが、オペラではドン・ホセ役のジョーを演じていた。

『カルメン』音楽はビゼーのままで、歌詞を現代風にアレンジ。闘牛士はボクサーになっていた（写真はドロシー・ダンドリッチ）

文芸映画、あれこれ

先に松竹系の映画館で公開された文芸映画を取り上げたが、東宝系の映画館でも数多くの文芸映画が公開されている。ソビエト映画のトルストイ不朽の名作『**アンナ・カレーニナ**』は、1968年に有楽座で公開された。記録によると、5月25日の初日以来105日間上映された。アンナ役のタチアナ・サモイロワは成熟した女性というキャラクターではあったが、やや日本人好みではなさそう。キティ役のアナスタシア・ベルチンスカヤの凛としたクール・ビューティぶりがチャーミングだった。それもそのはず、これに先立つ同じくソビエト映画製作の『**ハムレット**』(64年・みゆき座公開)ではオフェーリア役を演じているスターだ。ちなみにこの時のハムレット役のインノケンティ・スモクトゥノフスキーは、若手ながらもなかなかの役者ぶりだった。

アメリカ文学からは、メルヴィルの『**白鯨**』(56年・日比谷映画公開)とヘミングウェイ『**老人と海**』(58年・丸の内日活公開)を挙げておこう。いずれも巨大な海の生物と格闘する題材である。『白鯨』は、鯨に片足を食いちぎられたエイハブ船長が執念を燃やして仇である白鯨を何年も追う物語だが、『老人と海』は、

『アンナ・カレーニナ』当時のソビエト映画界の思い入れがわかる。有名なマイヤ・プリセツカヤも出演していた

『ハムレット』 HAMLET
監督・脚本：グレゴーリ・コージンツェフ　原作：ウィリアム・シェイクスピア　出演：インノケンティ・スモクトノフスキー、アナスタシア・ベルチンスカヤ

老漁師がせっかく釣り上げた大きな魚を、最後はサメに食いちぎられてしまうまでのわずか2、3日の物語だ。

『白鯨』は、ジョン・ヒューストン監督で、脚本にはのちに幻想作家（『華氏451』の作者）として知られるレイ・ブラッドベリが加わっている。エイハブ船長にグレゴリー・ペック、渋い脇役のレオ・ゲン、さらにオースン・ウェルズも出演していた。

『老人と海』は、ジョン・スタージェス監督で、全編をほとんど一人でスペンサー・トレイシーが老漁師を演じている。この年のアカデミー賞主演男優賞にノミネートされたが惜しくも賞を逸した。

『白鯨』グレゴリー・ペックの入神の演技が印象的だった。当時しばしば脇で出ていたレオ・ゲンが好サポート

『老人と海』少年を除くと、ほとんどトレイシーの一人芝居。撮影中はヘミングウェイも駆けつけたとか

フランスものの文芸大作としては、ユゴーの『**レ・ミゼラブル**』にまず指を屈しよう。と言ってもロンドンで1985年に初演されたミュージカルを映画化したヒュー・ジャックマン主演の方ではなく、ジャン・ギャバン主演の『レ・ミゼ』の方だ。1957年にフランス映画界総力を挙げてのジャン＝ポール・ル・シャノワ監督作品。ジャベール警部にベルナール・ブリエ、コゼットにベアトリス・アルタ・リバ、マリウスにジャニ・エスポジトという布陣だが、若手の方はその後の消息を聞かない。むしろ、セルジュ・レジアニ、ブールビルなどの芸達者が共演しているのが、名作映画と言われる所以であろう。最初に公開されたのは59年6月有楽座だったが、手元にあるプログラムは、二番館の上野宝塚劇場のもの。二番館でも当時は、ちゃんと劇場名入りのプログラムが発行されていたのだ。さすがに紙質も印刷もやや貧弱だったが。

イギリス原作ものでは、エミリー・ブロンデの『**嵐が丘**』（71年・みゆき座公開）がある。アメリカ映画だが、原作に即した雰囲気を醸し出しているのは、スタッフ、キャストに英国出身者を多く配しているからだろう。後に4代目ボンド役を務めたティモシー・ボルトンがヒーフクリフ役を務めていた。当時23歳でデビュー2作目だった。キャッシーを演じたアンナ・カルダー＝マーシャルは、英国演劇界の新星だったが、その後はあまり映画には出ていないらしい。監督のロバート・フューストも英国出身。ただし音楽にはフランスのミッシェル・ルグランを起用しているのがおもしろい。

『レ・ミゼラブル』フランス映画界が総力を挙げてユゴーの原作に取り組んだ。ジャン・バルジャンにはもちろんギャバン

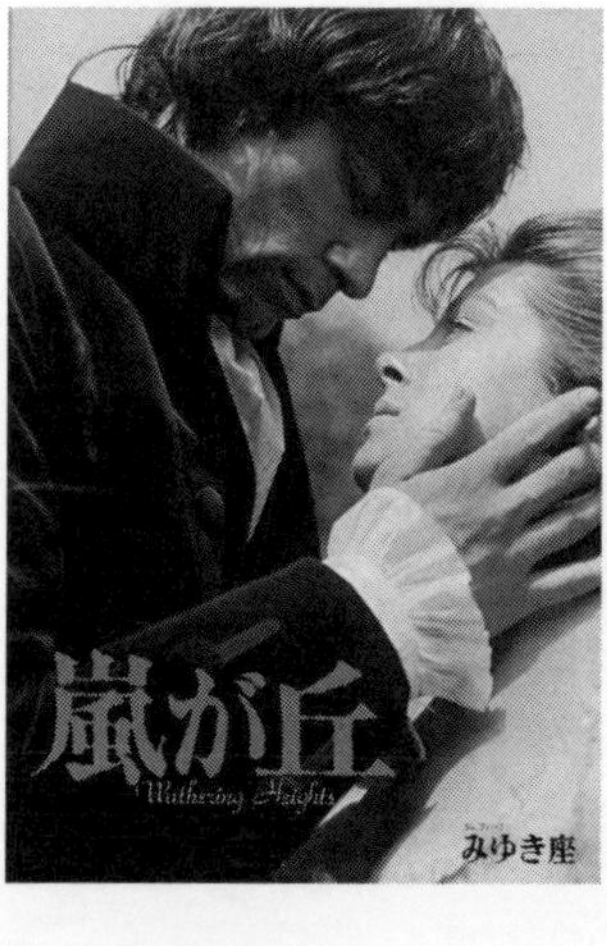

『嵐が丘』アメリカ映画だがほとんどがイギリス出身ということだろうか、原作の雰囲気をよく伝えていた

39年製作のウィリアム・ワイラー監督『**嵐が丘**』が、66年にみゆき座で公開されている。データでは、日本では50年に公開されていたようだが、筆者が観たのはこの66年公開の時で、まだ若かったローレンス・オリヴィエとマール・オベロンの共演だった。

フランス原作ものでは、デュマの『**三銃士**』(74年・有楽座公開)があるが、これはリチャード・レスター監督によるアメリカ映画。さすがに豪華な配役で、ダルタニアンがマイケル・ヨーク、三銃士に扮するのはオリバー・リード、リチャード・チェンバレン、フランク・フィンレイ。絡む女優陣もラクェル・ウエルチ、ジェラルディン・チャップリン、フェイ・ダナウェイと百花繚乱。それにチャールトン・ヘストンまで登場する娯楽大作で、いわゆる文芸ものとは一線を画すものだろう。

『嵐が丘』これは39年製作のもの。まるで舞台劇を見るようなのはオリヴィエとオベロンの演技ゆえか

名曲に魅せられて

『みじかくも美しく燃え』（68年・みゆき座公開）というスウェーデン映画をどれほどの人がご存知だろうか？　興行的には、それほど大ヒットした映画という印象はないが、それでも筆者にはいつまでも心に残る映画だった。それにしても、この日本語のタイトルは秀逸である。原題は、ヒロインの名前である「エルビラ・マディガン」というもので、このタイトルではほとんどの日本人はどんな映画かわからないに違いない。

主人公のエルビラは、ショーの綱渡りのスター。そして愛し合った相手は、伯爵の称号を持つ陸軍中尉シクステン。身分違いの禁断の恋の果ての心中という、なんとも近松の浄瑠璃の題材にもなりそうな悲恋ストーリーだが、実話である。ヒロインを演じたピア・デゲルマルクは、ボ・ウィデルベルグ監督にスカウトされてデビューした女優。その清楚で素直な演技によって、1967年のカンヌ映画祭最優秀主演女優賞を獲得した。それとこの映画の大きな魅力は、このロマンチックな悲恋ストーリーにふさわしいモーツァルトのピアノ協奏曲第21番第2楽章の旋律で、なんとも心にしみた。以来、筆者は、この曲を好んで聴くように

『みじかくも美しく燃え』ポ・ウィデルベルグ監督が発掘したピア・デゲルマルクは、これによってカンヌ映画祭の女優賞に

なった次第。

音楽が効果的に使われた映画としては、イングリッド・バーグマン、イヴ・モンタン、アンソニー・パーキンスが主演した『さよならをもう一度』も、その一例だろう。これはフランソワーズ・サガンの小説「ブラームスはお好き」の映画化だ。個人的には、小説の原題のほうがいいように感じるが、当時は「ブラームスはお好き」では、集客が見込めないと判断したのだろうか、映画の原タイトルも、GOODBYE AGAINとしている。

当然のことながら、劇中ではブラームスの交響曲第3番第2楽章の嫋嫋たる旋律が、ここぞというシーンに流れてくる。この手慣れた音楽効果を担当したのは、現代作曲家でもあるジョルジュ・オーリックだった。アナトール・リトヴァク監督作品で、61年ミラノ座で公開されている。

もっとも名曲を効果的に使った映画は数知れなない。ヴィスコンティ監督の『ベニスに死す』(71年公開)では、マーラーの交響曲第4番のアダージェットが使われ、アニエス・ヴァルダ監督『幸福』(66年公開)には、モーツァルトのクラリネット五重奏曲が印象的だった。ルイ・マルの『恋人たち』(59年公開)では、ブラームスの弦楽六重奏曲第1番が、ベットシーンで効果的に使われていた。残念ながらいずれも手元にプログラムはない。

『さよならをもう一度』サガンの映画化では裏切られることが多いが、これもフランスの匂いがあまりしなかった

忘れられない映画があります

多分、大方の人の記憶にはないであろう映画であっても、なぜかその人にとっては忘れられない映画というものがあるはずだ。筆者にとっても、そういった映画がいくつかある。

その1つが、『**レ・ガールズ魅惑の巴里**』というもの。58年公開だが、手元のプログラムに映画館名が表示されていないので、多分2番館で観たのであろう。タイトルにも「Les」というフランス語の定冠詞をつけているように、アメリカ映画としてはなかなか洒落た構成の映画であった。もっとも57年のゴールデン・グローブ賞ミュージカル・コメディ部門で作品賞と主演女優賞を獲得しているので、筆者の想像以上にご記憶の方も結構多いかも知れない。

監督は名匠ジョージ・キューカーで、ジーン・ケリーに3人の美女ミッツィ・ゲイナー、ケイ・ケンドール、ダイナ・エルグが絡むというミュージカル仕立てだが、筋立ては、一人の女性の自叙伝を巡っての訴訟で3人の女性がそれぞれ法廷で証言するが、いずれも食い違っているという黒澤明の『羅生門』に似たシチェエーションで展開する。それぞれの証言がオムニバス形式で展開し、それに加えてコール・ポーター作曲によるナンバーがミュージカルになっているのが、なんとも言えない魅力だった。

中でも、筆者はその前に見た『**古城の剣豪**』というB級映画を見てすっかり気に入っていたケイ・ケンドールが、前作の貴婦人然としたキャラとは違って、歌と踊りに加えてタイツ姿の見事な肢体を披露してくれる。この映画で、彼女はゴールデン・グローブ賞の主演女優賞（ミュージカル・コメディ部門）を受賞している。実は、この頃は彼女はすでに白血病に冒されていたという。当時、彼女は女優のリリー・パルマーと結婚していたレックス・ハリスンとは不倫の仲であったが、ケイに死期が近いことを知ったハリスン夫妻は離婚して、ハリスンは彼女

『レ・ガールズ魅惑の巴里』 LES GIRLS
監督：ジョージ・キューカー　原作：ベラ・キアスベリー　脚色：ジョン・パトリック　出演：ジーン・ケリー、ミッツィ・ゲイナー、ケイ・ケンドール、タイナ・エルグ

『古城の剣豪』ケンドールを最初に観たB級剣豪ものだが、この映画ですっかりお気に入り女優に

に病名を隠して結婚する。そして59年に33歳という若さで亡くなったということは、だいぶ後になって知った。これだけの話を聞けばレックス・ハリスン夫妻の美談のようだが、彼はハリウッドの中でも名だたる艶福家で、生涯に6度も結婚しており3度めの結婚だったケイの後にも3回結婚を繰り返している。まあ、だからと言って悪いわけではないが。

いわゆる「オルフェ伝説」を映画にしたり、古くはオペラにしたりというのはヨーロッパでは多く見られるが、これはブラジルの詩人ビニシウス・デ・モラエスの原作をフランスの新鋭マルセル・カミュが監督した『**黒いオルフェ**』（60年・有楽座公開）も忘れがたい映画だった。内容もさることながら、劇中に流れた音楽は、まさにボッサ・ノヴァの走りでもある、アントニオ・カルロス・ジョビンとルイス・ボンファによる曲で、当時世界的に流行した。プログラムをめくると、アカデミー賞短編記録映画賞をとった『ガラスはジャズる』という短編にも1ページを割いていた。当時は、こうした短編も併映されていたのだ。

『**トプカピ**』（64年・日比谷映画公開）というのも、なかなか印象的な映画だった。監督も主演も、あの『日曜はダメよ』のジュールス・ダッシンとメリナ・メルクーリというご夫妻だから、ちょっと社会派っぽかったりするかと思えば、これは見事にエンターテインメントに徹した職人ダッシンの真骨頂ぶりが窺える冒険喜劇だ。トプカピはいうまでもなくトルコのイスタンブールのある王室博物館の名だが、そこにメルクーリ扮する女盗賊が愛人の同じく盗賊マクシミリアン・

『黒いオルフェ』この映画の音楽を聴いて、初めてボッサ・ノヴァの魅力にとりつかれた

シェルとともにトプカピ博物館に陳列されている宝剣を奪おうというストーリーだ。宝剣は警報装置のついた厳重なガラスケースに収まり、何かあればすぐに非常ベルがなるという仕組み。そこに身の軽い仲間が宝剣の上に吊り下がり、見事に盗み出すのに成功というものだが、最近（と言ってももうずいぶん経つが）の『ミッション・インポッシブル』でトム・クルーズが演じた天井から吊り下がって目的のものを奪うというシーンは、このアイデアの借用であろう。

『トプカピ』どうもこのコンビには『日曜はダメよ』のイメージが強いのだが、ダッシンの職人芸が光る

アート・シアターのおかげで、出会った名画たち

映画産業は興行だから、当然、観客動員数の多いものが求められる。いわゆるハリウッド製のエンターテインメントに徹した映画は、そうしたニーズのもとに作られる。しかし、一方で興行的にはそれほど大きく貢献はしないものの、映画という表現手段の重要な要素でもある芸術性や社会性を重視するものも求められる。そういった意味から、アート・シアター・ギルド（ＡＴＧ）が果たした役割は、もっと評価されてもいいだろう。ＡＴＧが撤退した後も、いくつかのアート系の独立劇場がその役割を担い、また「エキプ・ド・シネマ」の岩波ホールも息の長い活動を続けている。

筆者もまた、いわばＡＴＧに育てられた映画ファンでもあった。その中でもとくに印象深い映画をいくつか挙げてみたい。

別項ですでに取り上げているものを除いて、時系列的に見るとＡＴＧの第12作目にあたる**『5時から7時までのクレオ』**（63年公開）は新鮮だった。監督は、２０１９年に90歳で亡くなったアニエス・ヴァルダだ。

歌手のクレオは、いま生体組織診断を受けてきた。そしてその結果が出る5時

『5時から7時までのクレオ』実際の映像と劇中の時間をパラレルに進行させるという手法は新鮮だった

から7時までの間の、彼女の不安な気持ちや、自らを勇気づけようとする気持ちとの葛藤などを、時間帯のテロップを映画の経過時間と同期させながら、ドキュメンタリー・タッチで描く手法が興味を引いた。音楽を担当したミシェル・ルグランやゴダール監督、アンナ・カリーナなどがカメオ出演で出ていたらしいが、当時はそうしたものを発見して喜ぶ暇もなかったが。

ヴァルダ監督のものは、その後の『幸福』（65年公開）や**『歌う女、歌わない女』**（79年・ニュー東宝2公開）も観ているが、2009年に公開された自伝的ドキュメンタリー映画『アニエスの浜辺』を観たときは、懐かしさに思わず涙した。

アラン・レネ監督の**『去年マリエンバートで』**（64年公開）は、ATG22作目

『去年マリエンバートで』L'ANNEE DERNIERE A MARIENBAD
監督：アラン・レネ　脚本・台詞：アラン・ロブグリエ　出演：デルフィーヌ・セイリッグ、ジョルジョ・アルベルタッツィ、サッシャ・ピトエフ

『歌う女歌わない女』ヴァルダ監督作品だが、アート・シアターではなくニュー東宝で観たもの

の上映作品だった。幻想的な映像美の中で繰り広げられる噛み合わない会話の数々。登場人物も若い女、見知らぬ男、若い女の夫かもしれない男しか登場せず、「去年マリエンバートでお会いしましたね」と見知らぬ男が若い女に問いかけるが、女は「いいえ、お会いしていませんわ」と無表情に答える。はたして本当は会っていたのか、いなかったのか、そんな疑問形の映像がずっと続く。ずいぶん後になってDVDで見直したが、やはり同じように難解?だった。脚本と台詞が、あのヌーヴォー・ロマンの旗手アラン・ロブ＝グリエだと知って、なんだかわからないなりに納得した。

フェデリコ・フェリーニ監督の『8½』（65年公開）も、また衝撃的だった。マストロヤンニ扮する著名な映画監督のグイドは、新作の構想と療養のため温泉地へとやってくる。しかし映画内容はまとまらず、資金を提供してくれる人たちへの対応など悩みが多い。次第にグイドは、自分が思い描く理想の世界へと現実逃避する……という、なんとなくフェリーニ自身の心象を映像化したように思える。出演者もマストロヤンニの妻にアヌーク・エーメ、さらにクラウディア・カルディナーレ、サンドラ・ミーロなどが加わっての豪華なキャストだった。久しぶりにプログラムを読み返していたら、表3の広告には『慕情』の広告が載っていた。『慕情』とこの作品がほぼ同時に上映されていたのが、なんだか意外だった。

内容的に強い衝撃を受けたのが、フランソワ・トリュフォー監督の『華氏

『8½』共同監督も含めると8作目にプラス半分というフェリーニの諧謔性が題名にも現れる

『女ともだち』洋装店のエレオノーラ・ロッシ・ドラーゴが、トリノに着任して四人の女性と知り合って起こるドラマ

451』（67年公開）だった。これは、レイ・ブラッドベリの未来小説を映画化したもので、情報はすべてテレビやラジオなどの感覚的なメディアだけが容認され、本の所持が認められないという社会を描いている。所持していた本は焼かれ所有者は逮捕される。摘発する隊員だった主人公が、ある女性の影響でそれに対して疑問を抱くようになり、次第に彼自身が追われる身になっていく。歴史をたどれば権力者の意思により有害図書として焚書される例はいくつもあったが、それは決して過去の話ではなく、言論封殺をする隣国などを見ると未来社会の話ではなく、今起こっている現実の世界でもあるということに、改めて背筋が寒くなる思いがした。

その他にも、ジャン・コクトーが監督を務めた『オルフェの遺言』（62年公開）は、ATG第2作として上映。ヴィットリオ・デ・シーカ監督『ウンベルトD』（62年公開）、イングマール・ベルイマン監督『野いちご』（62年公開）、ミケランジェロ・アントニオーニ監督『**女ともだち**』（64年公開）では、エレオノラ・ロッシ＝ドラーゴが出演していた。ベルイマン監督『道化師の夜』（65年公開）、ジョセフ・ロージー監督『銃殺』（66年公開）、ジャン＝ピエール・レオーとシャンタル・ゴヤが共演していたジャン＝リュック・ゴダール監督『**男性・女性**』（68年公開）などが、今も印象に強く残っている。

『華氏４５１』決して絵空事ではなく、同じような現象が世界のどこかで起こっていることを思い起こさせる

『男性・女性』原作はモーパッサンだが、それを見事に現代に移し替えてシネマ・ヴァリテ風に描写

異国趣味としてのNIPPON

オペラの『蝶々夫人』は、作曲者プッチーニの異国趣味から発した名作で、世界に日本女性のイメージを定着させた作品だ。それだけに、日本人からしてみると複雑な愛憎入り混じった気分になる。これを映画化したのが、東宝がイタリア映画と共同して製作した、八千草薫主演の『蝶々夫人』（55年・有楽座公開）だった。残念ながら筆者はリアルタイムでは観ていない。

一方、日本を舞台にしたブロードウェイ・ミュージカルを映画化したのが**『八月十五夜の茶屋』**（57年・有楽座公開）である。監督は『バラの刺青』を撮った名匠ダニエル・マン。主演も豪華で、マーロン・ブランド、グレン・フォード、エディ・アルバートに対して、日本からは京マチ子、根上淳、清川虹子、沢村みつ子らが出演していた。このプログラムはかなり凝っていて、表紙も浅黄色のミューズコットンで京マチ子らしき舞姿のスケッチ画。しかも、右上には穴が開いており、紐状のピンクのしおりが垂れている。筆者のコレクションの中でも、異色のデザインによるプログラムだ。

『太陽にかける橋』（62年・スカラ座公開）は、外交官として活躍した寺崎英成

『太陽にかける橋』ジェームス繁田とキャロル・ベーカーが、日米の架け橋になった外交官夫妻を演じている

（1900-51）と妻のグウェン、そして娘のマリコが日米開戦の中で必死に生きた夫婦の物語である。寺崎は終戦後、昭和天皇とマッカーサーとの会見で通訳を務め、『昭和天皇独白録』も著した。柳田邦男著『マリコ』（戦時中、娘のマリコの名前を使って、通信が盗聴されないようにしたエピソードが綴られている）が、1881年にNHKでドラマ化されている。

映画では、寺崎に日系アメリカ人で歌手でもあったジェームス・シゲタ（繁田）、妻のグウェンはキャロル・ベーカー、それに丹波哲郎が共演していた（プログラムの中でも彼がエッセイを書いている）。監督はフランス出身のエチエンヌ・ペリエが担当。

『八月十五夜の茶屋』 THE TEAHOUSE OF THE AUGUST MOON
監督：ダニエル・マン　原作・脚色：ジョン・パトリック　出演：マーロン・ブランド、京マチ子、グレン・フォード、エディー・アルバート、根上淳、清川虹子
（プログラムは凝った作りで、右上の小さな穴にはピンクの紐が付いてる）

イブ・モンタン、シャーリー・マクレーン主演の**『青い目の蝶々さん』**（62年・スカラ座公開）も異色の映画だった。映画監督（モンタン）は妻で女優のルーシー（マクレーン）の主演映画ばかりを撮っているが、ルーシーの出ない映画を撮ろうと『蝶々夫人』を日本で撮影することになる。現地で出会った芸者を主役にして映画を完成させる。実は、その芸者こそルーシーだったという、なかなか日本人には理解できない筋立てだった。まあ、いくら日本贔屓では定評のあるマクレーンでも、芸者に扮してそれも映画で見破られないという設定は無理もあるが、それもご愛嬌か。監督はベテランのジャック・カーディフ。他にエドワード・G・ロビンソン、ポップ・カミングスそれに谷洋子、斎藤達雄などが共演していた。

先に、「底抜けコンビの盛衰」でも紹介した『底抜け慰問や行ったり来たり』（58年・丸の内東宝公開）なども、日本を舞台にして早川雪洲や、日系カナダ人女優・のぶ渥美マッカーシーなどが登場するので、この種のカテゴリーに入るだろう。

日本が舞台ではなく、サンフランシスコのチャイナタウンを舞台にしたロジャース＝ハーマンスタイン2世のコンビによるミュージカル**『フラワー・ドラム・ソング』**（62年・日比谷映画公開）も、日系俳優が活躍した映画として忘れがたい。ジェームス繁田、ミヨシ梅木（のちのナンシー梅木）、レイコ佐藤などの他に、ナンシー・クワン、ファニタ・ホールなどが出演していた。まあ、西欧人からすれば日本人も中国人も同じように映るのは、昔も今も変わらないのだろうか。

『青い目の蝶々さん』話はやや荒唐無稽だが、当時人気のあったモンタンとマクレーンのコンビが笑えた

『フラワー・ドラム・ソング』ブロードウェイ・ミュージカルのヒットメーカー・コンビがいかにオリエンタルな味を出すか

ルルーシュ、ロマンチックは永遠に

２０２０年現在のクロード・ルルーシュ監督の最新作は、**『男と女　人生最良の日々』**である。それにしてもルルーシュ監督は、実質的には彼のデビュー作でもあった『男と女』（66年公開）を、どれだけ繰り返し使っているのだろう。この前に、**『男と女Ⅱ』**（87年・シネマライズ公開）として20年後の前作の二人を登場させた。20年後に撮った動機は、最初の『男と女』が受賞したカンヌ映画祭で、主演の二人が冗談半分に「20年後に、こうして話し合う仲だったら続編を作ろうよ」と言ったことがきっかけだったと、ルルーシュ自身が語っている。

そして、今度は53年ぶりに続編を製作したのが「人生最高の日々」である。驚異的なのが、53年後になって同じスタッフ・キャストで、同じテーマの映画が製作できたということである。監督の生年は１９３７年だから製作当時83歳、アヌーク・エーメは１９３２年生まれの88歳、ジャン＝ルイ・トランティニャンに至っては１９３０年生まれだから90歳である。残念ながら、この映画には欠かせない音楽のフランシス・レイだけが、２０１８年に亡くなっているが、映画では堂々彼の音楽が流れていた。

『男と女Ⅱ』前作から20年後、映画プロデューサーのアンヌと、ラリーチームの監督になったジャン＝ルイという設定

確かに設定も悪くない。介護施設で余生を送る元花形レーサーのジャン・ルイは記憶が徐々に失われていくが、それでもかつて別れた恋人アンヌのことは覚えている。しかし2人が再会しても、目の前の女性がアンヌと気づかずにアンヌへの思いを話し始めた。自分がいかに愛されていたかを知った彼女は、彼を連れて思い出の地へと車を走らせる。本当に彼は彼女に気づいていなかったのだろうか。まさにロマンチックの極みではないか。88歳とは思えないエーメの美しさも感動モノだ。

ちなみにルルーシュ監督『続・男と女』（77年公開）というのがあるので、思わず続編かと思ってしまうが、これは勝手に日本の配給会社がつけた題名。1870年代の西部で獣医の夫妻とフランスからやってきた写真家とが引き起こす愛憎劇で、いってみればルルーシュ版西部劇だが、やはり彼が作ると一味違ってくる。

ジャン＝ポール・ベルモンドとアニー・ジラルドが共演した**『あの愛をふたたび』**（70年・スカラ座公開）は、舞台をアメリカの映画界に変えての大人のラブ・アフェアものである。女優のアニー・ジラルドが、その映画の音楽を担当する作曲家ベルモンドといっときの愛に浸るという筋立て。その代償として彼女の家庭には亀裂が入ってしまう……。まあ、昨今の日本の芸能界でもよくあることデス。作曲家の柄ではないベルモンドが、なんとも板についていなかったが。

なんといっても、ルルーシュにとりドラマとして大掛かりな作品だったのが

『男と女　人生最良の日々』なんと53年後、お互いに老境に入った二人が出会う時、彼らはどう対応したのか（参考：2020年ル・シネマ公開）

『あの愛をふたたび』ルルーシュは監督や脚本だけでなく、撮影も自ら行なっている作品が多いがこれもその一例

『愛と哀しみのボレロ』（81年公開）であろう。大判のプログラムをめくると、巻頭にウイラ・キャザーというアメリカの作家の言葉が載っている。曰く「人生には二つか三つの物語しかない。しかし、それは何度も繰り返されるのだ。その度ごとに初めてのような残酷さで……」これは、映画の冒頭にこの文章がナレーションで流される。

この言葉を引用して、映画評論家の渡辺祥子さんは『男と女Ⅱ』のプログラムの中で、「いつも同じところを歩いていることの魅力」と題して「ルルーシュ自身が、このナレーションの言葉をそのまま自分の映画にも当てはめて考えているからなのであろうか」と考えてしまったと述べている。皮肉のようにも読み取れるが、

『愛と哀しみのボレロ』Les Uns et Les Autres
監督・脚本：クロード・ルルーシュ　出演：ロベール・オッセン、ジェラルディン・チャップリン、ジョルジュ・ドン、ダニエル・オルブリスキ、ジェームス・カーン、ニコール・ガルシア

ルルーシュ映画のテーマ選びから見れば、まさに正鵠を射た言葉のような気もする。

映画の方は、4人の音楽家（ヘルベルト・フォン・カラヤン、グレン・ミラー、ルドルフ・ヌレエフ、エディット・ピアフをモデルにしたと言われている）が、4つの国境を越えて、戦前から戦後までの2代にわたって繰り広げる愛と挫折のドラマだ。それらを繰り返しながら、やがてパリのトロカデロ広場でのユニセフのチャリティ・コンサートに揃って主演するという、いわばグランド・ホテル形式の構成になっていた。

圧巻は、この中でも主要な役を果たしているバレエ・ダンサーのジョルジュ・ドンが、ラヴェルの「ボレロ」を踊るシーンだった。振付は20世紀を代表するモーリス・ベジャールで、この「ボレロ」の振付は、日本でも多く上演されている。壮大な大河ドラマを思わせるこの長尺の映画においても、ルルーシュならではのロマンチックなテイストをいたるところに振りまいている。

この映画のプログラムは豪華版であった。A４版の左右が1センチほど大きいサイズで全ページ4色、中綴じの中央は両観音開きでその中面には劇中の４人の家族の年代記が年表風に表示されている。本文・表紙ともで36ページというボリュームは、いかにも大作映画のプログラムらしい豪華さだ。値段も４５０円とご立派。

まあ、プログラムの体裁はともかく、まさに永遠のロマンチスト、ルルーシュの真骨頂が現れた作品であった。

第2部

たかがプログラム、されどプログラム

本文で紹介できなかったプログラムたち

映画プログラムの誕生

いったい映画プログラムという存在は、いつから存在したのだろう。そんな疑問に答えてくれる本が最近（２０２０年）発行された。『映画館と観客のメディア論』（青弓社）というまだ若い研究者近藤和都氏によるもの。これは対象年代を戦前に絞った論述であるが、これによれば日本で最初にプログラムが発行されたのは、１９０７年、日本で最初の映画常設館であった浅草電気館であったという。これを作った理由として、「電気館でもそれまで従来の一枚刷番組は作っていたが、十一月三日（天長節）からの週間に際し、何か従来の番組以上に恒久化娯楽物として映画興行にふさわしいものをというので、……紙面の中央に上映映画の番組とその梗概を掲げ、印刷経費をあげるために附近商店の広告を周囲に載せたものを作ったのである」とある。

それは映画が次第に物語性を持つ作品に移行した時期でもあって、単に番組を紹介したものでは物足りなく、それに梗概をつけられることによってより記録性を求めたのであろうか。また、「活動写真界でもインテリがその影響を受けて映画番組の印刷物をプログラムと称するようになった」という点も興味深い。その

ここから映画のプログラムが発生したという明治時代の電気館

影響とは、洋楽系の演奏会を指したもので、「いくつかの映画館は、番組や梗概を英語で記載するとともに、レイアウトにも工夫をして、さらなる『高級』路線へと舵を切っていった」という指摘は、筆者に手元にある戦後10年以降のプログラムでもそうした傾向は踏襲されていたことにも着目したい。少なくとも60年代ぐらいまでは、表紙裏か、もしくは裏表紙に、最低1ページは割いて、海外（主としてアメリカ映画）のポスターかチラシがそのまま複写されたものが掲載されていた。

もう一つの目的としては、今日でも映画館の場内アナウンスで時折流れてくる「鑑賞の記念にお求めください」という文言に象徴される「記録しておきたい記念物」としての位置付けだろう。もちろん、出演スターたちの写真が掲載されているというファン心理もあるだろうし、スタッフ・キャストなどへの興味・関心やさまざまな意味での鑑賞後の確認（物語の筋など）といった理由もプログラム購買の動機にはなるだろう。翻って、筆者がプログラムを求めた理由はなんであったか、ということを思い出すと上記のいずれの理由にも当てはまるし、いわばその映画を観たという存在証明であったような気がする。

筆者の手元にあるプログラムが社会人になってから次第に減ってきたのは、仕事の関係で映画を観る機会が減ったということもあるが、それ以上に映画を観たことによる存在証明への意識の薄れがプログラムの数を減らした理由だったのかも知れない。

いずれもプログラム内に海外で発表されたものが添えられていた『誇りと情熱』（57年・松竹セントラル）表紙裏

『成功の甘き香り』（57年・パンテオン公開）表紙裏

プログラムの最終ページあれこれ

筆者が持っているプログラムで見る限り、50年代から60年代までの洋画ロードショー上映館では上映作品のプログラムに原則として映画館名が刷り込まれていた。とくに東宝系、松竹系のロードショー館はそうだった。その後の二番館以降になると館名はほとんど入っておらず（一部を除外して）、発行元もプログラム製作会社名がクレジットされていることが多くなる。

その頃のプログラムはあくまでも映画館（ロードショー館の場合）から発行されたプログラムということで、最終ページの奥付にあたる部分には、その映画館のさまざまな情報が盛り込まれていた。

たとえば58年にロードショー公開された『**悲しみよこんにちは**』は、「スカラ座」の館名は表紙に刷り込まれており、最終ページには①スカラ座非常口ご案内として館内略図、②入場料、③上映時間表、④スカラ座御案内として、お手洗い場所から帰りの出口まで懇切な案内文、さらに⑤劇場の電話番号、東宝系前売り所の案内などがあり、別表として⑥「東宝系御案内」として、東宝系劇場15館の番組が載っている丁寧さだ。

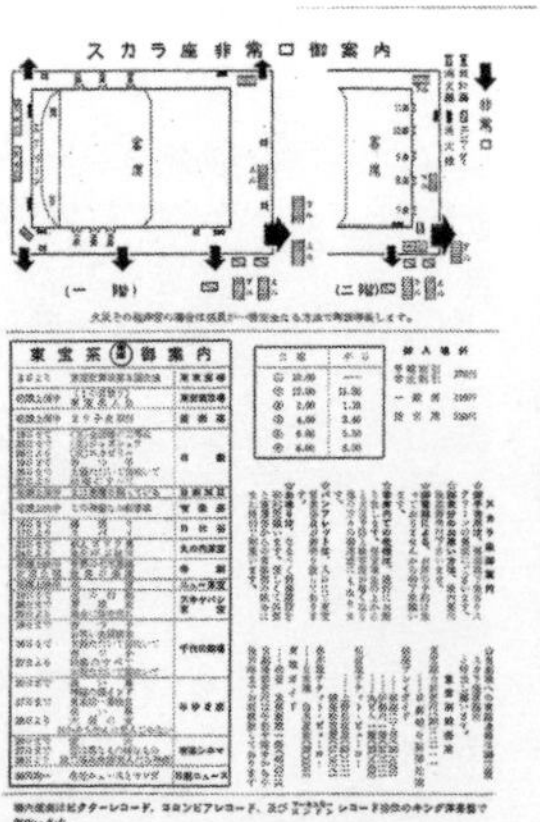

『悲しみよこんにちは』最終ページ

松竹系ロードショー館でも、61年に「東劇」で公開されたウォルト・ディズニー『**南海漂流**』のプログラムでは、最終ページには①東京劇場御案内②非常口案内図③上演時間表、そして④休憩時間に流しているレコードの曲目まで紹介している。ここでは松竹系劇場の案内はない。

東急系ロードショー館の「渋谷パンテオン」ではどうだったか。57年で公開された『**成功の甘き香り**』では、パンテオンご案内として①パンテオン場内図（非常口案内ではない）、②御案内メッセージ、③御観覧料、④映写時間表、そして⑤「東急チェーン御案内」として、系列9館の番組表が掲載されている。加えて近日公開の「ウォルト・ディズニイの小さな無法者」の告知広告も入っている。

数は少ないが東映系の「丸の内東映パラス劇場」では、60年に公開された『**オーシャンと十一人の仲間**』を見ると、①ご案内とお願い②劇場非常口案内の図③上映時間表④入場料、などが掲載され、ここでも休憩演奏レコードの提供店が記されている。

昨今のプログラムと比較すると懇切丁寧なのは、やはり単独ロードショー館としてのサービスに加えて、まさに映画黄金期であった58年前後は最高入場者数を誇った年代でもあることから、あらゆる階層の観客にも映画館を楽しんでもらおうとする熱意の現れとみるのは穿ち過ぎだろうか。

こうしたことは後の単館ロードショー上映館（主としてミニ・シアターかアート系独立系の映画館）などでは、従来のプログラム型ではなく、その館自体の機関

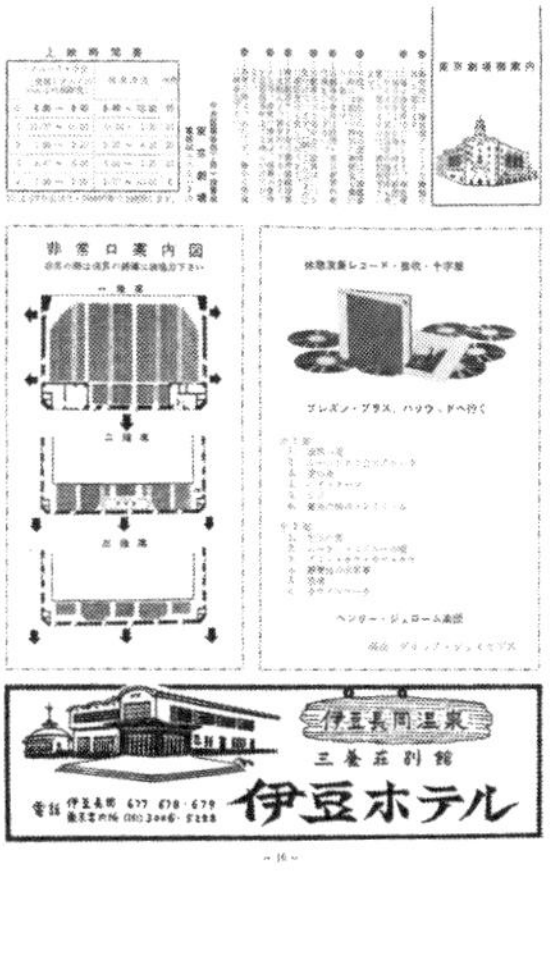

『南海漂流』最終ページ

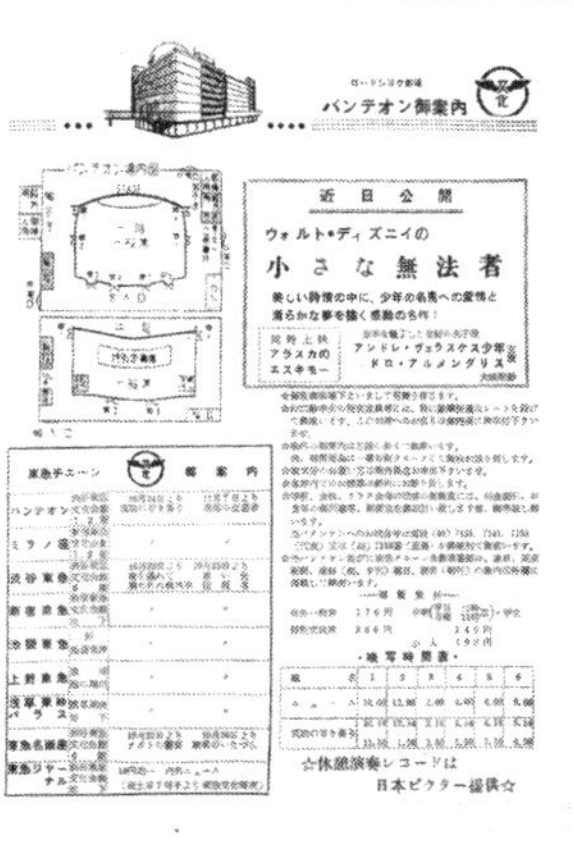

『成功の甘き香り』最終ページ

誌として位置づけられている（その先例となったのはATGであり、またその後のシネヴィヴァンやシネスイッチなどにも見られる）。その結果、従来のあらすじやスタッフ・キャストの紹介、スターたちをグラフィックに扱ったスタイルから、監督の詳しい紹介や上映作品にまつわるさまざまなテーマによる原稿を載せ、さらに再録シナリオを掲載するということと一脈通じるものがあるのだろう。

　当時のプログラムに特徴的なのは、プログラムに掲載された広告の多いことである。それも大手企業の広告もあるが、むしろ劇場周辺の喫茶店であったり、衣料品店などもあったりという小規模の企業や商店の広告が多いのが、当時のプログラムの位置付けや世相を反映しているようで興味深い。

　前述のスカラ座の『悲しみよこんにちは』では、裏表紙に武田薬品のアリナミンの全面広告の他には、銀座の洋服店、喫茶店、レコード店、飲食店などが、突き出し広告風に掲載されていた。東映パラスでも、裏表紙は喫茶店とバーの全面広告で、表3は米穀の広告、あとはデパート、防災機器会社、喫茶店、洋服店などが、ページ下の6分の1ページを占めていた。

　プログラムの中に広告が入らなくなったのは、その当時のプログラムをめくってみると、おそらく60年代後半あたり。徐々に減り始め、70年代あたりからほぼ見られなくなったような気がする。

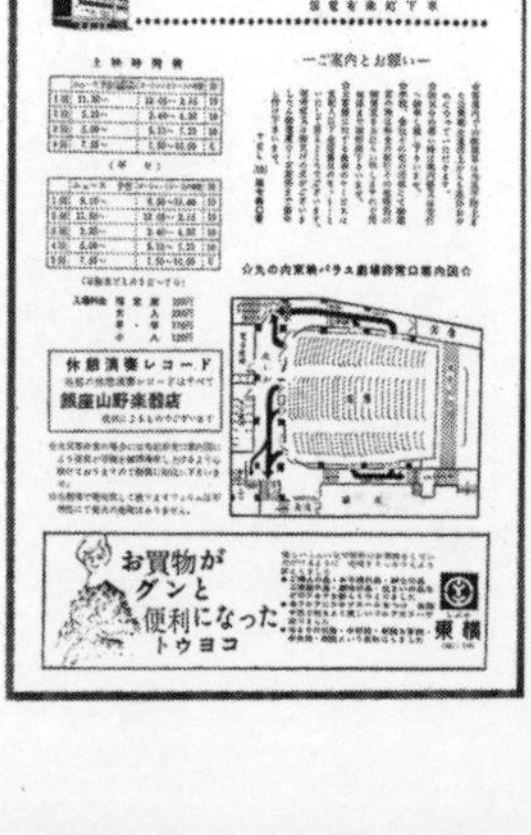

『オーシャンと十一人の仲間』最終ページ

プログラムのお値段

正直、初期の頃のプログラムがいくらだったか、まったく覚えていない。当時は、一般の映画入場料が、当時200円から300円だったから、多分それから類推するとせいぜい50円から100円ぐらいではなかったか。手持ちの55年から60年代までのプログラムをひっくり返しても、奥付などに値段が表示されているものはない。サイズはほとんどがB5サイズで、配給会社が特に力を入れた（であろう）作品はA4サイズであった。ページ数もまちまちで、同じB5サイズでも、57年スカラ座公開の『**ハッピー・ロード**』は、表紙を除く（以下同じ）本文は8ページだが、同年にテアトル東京で公開された『**汚れなき悪戯**』では、本文20ページとかなり差がある。多分、値段もそれなりに違っていたに違いない。

プログラムに価格が表示されたのは、70年代になってからではないかと思われる。74年テアトル東京公開『**パピヨン**』ではA4・本文16ページで250円という定価がついている。71年有楽座公開『**小さな巨人**』では、同じサイズで本文20ページではあるが定価は入っていない。77年で同じスカラ座公開でも、A4・本文20ページ『ザッツ・エンタテイメントPART 2』で200円、『ザ・ディープ』

『パピヨン』

ではA4・本文24ページで250円と違っているのは、ページ数の差によるコストの問題であろうか。

80年代になると、80年松竹発行『**クレイマー、クレイマー**』ではA4より左右が1センチ長いサイズ・本文24ページで400円となっている。同じ年のみゆき座公開『オール・ザット・ジャズ』は、A4・本文20ページで300円、89年日劇プラザ公開『**ダイ・ハード**』では、A4・本文20ページで350円だった。

以下年代順に追ってみると、

80年『地獄の黙示録』テアトル東京　400円
81年『愛と哀しみのボレロ』　450円
84年『アンナ・パブロワ』日劇　400円
85年『バックトゥ・ザ・フューチャー』日劇　400円
86年『ハスラー2』日比谷映画　400円

というようにA4サイズで400円というのが定着してくる。81年『愛と哀しみのボレロ』に関しては、通常よりページ数も多く450円となっていた。

60年代でも、アート系映画館のものはほとんど価格表示がされている。ATGの第1回作品『**尼僧ヨアンナ**』(62年)では、プログラムというよりも「アート・シアター」という機関誌という位置づけであるために100円の定価が表記されていた。もっとも71号(69年)『**ウイーク・エンド**』では200円になっていた。単館ロードショー系の映画館では、ATGのように実質は上映作品のプログラム

『クレイマー、クレイマー』400円

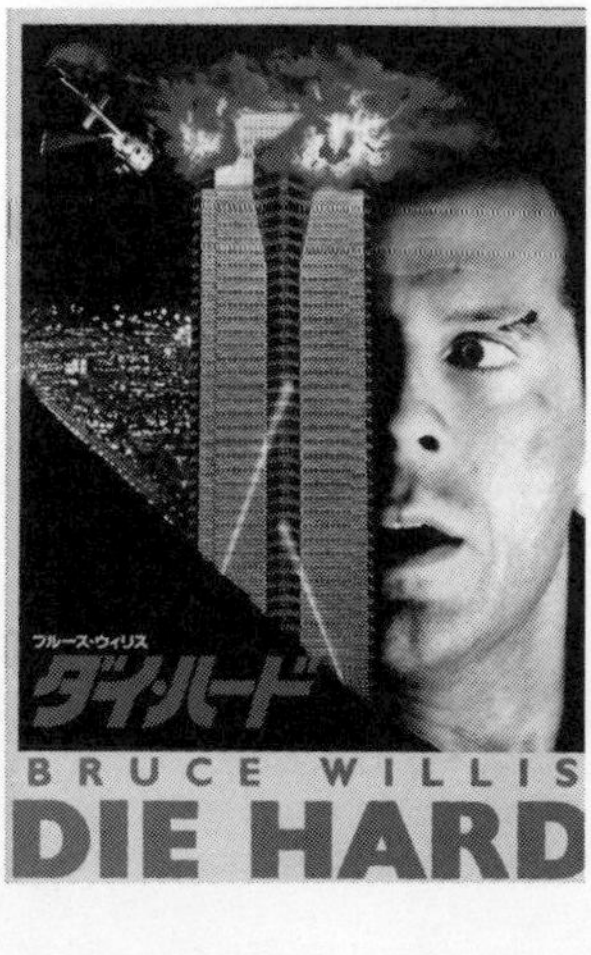

『ダイ・ハード』350円

であっても、その館の機関誌的な形態をとるところが多い。

1983年に、六本木のWAVEというセゾン・グループ系のカルチャー施設が開館した。その地下に「CINE VIVANT（シネヴィヴァン）」という名のアート系ロードショー館が誕生して、その第1回の上映作品がジャン＝リュック・ゴダール監督の**『パッション』**であった。B5版ながら堂々本文48ページで、ゴダール論や再録シナリオもついて600円であった。

翌84年に、同じくセゾン・グループ（西友文化事業部）の経営でスタートした「キネカ大森」は、3つのスクリーンを持ち、1がロードショー、2が名画名作、3が映像文化スポットと称して、本格的なミニシアターを目指して開場した。その第1回のロードショー作品が、遺作となったロミー・シュナイダー主演の**『サン・スーシの女』**であった。その機関誌としてB5版表紙・本文40ページの創刊号マガジン「キネカ」を400円で発行している。

86年に開場した「シネマライズ・渋谷」は、当初は松竹系の単館ロードショー劇場で、プログラムも変型サイズで特徴を出していた。手元にある87年公開のカルロス・サウラ監督『恋は魔術師』や、クロード・ルルーシュ監督**『男と女Ⅱ』**では、天地はA4サイズで左右は14センチという変型サイズで本文20ページで400円となっている。

87年に「銀座文化劇場」は、名称を変更して「シネスイッチ銀座」というロードショー館に生まれ変わった。その第2回の上映作品がジェイムス・アイヴォ

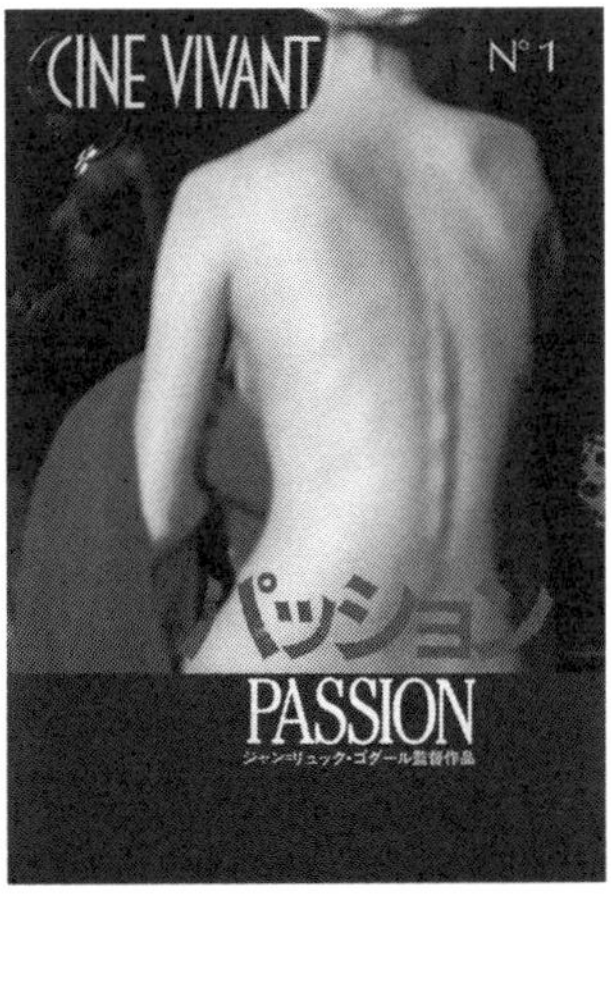

『パッション』600円

『サン・スーシの女』400円

リィ監督の『**モーリス**』（88年公開）だった。これもB5版本文40ページで再録シナリオや座談会、解説などもついて600円。多くのプログラムがアートコート系の紙を採用しているのに対して、これはマット系の紙で印刷されており、そのためか表紙をパステル画で統一したこともお洒落な感じがした。

同じく87年単館ロードショー館として開館した「シネ・シャンテ」は、2つのスクリーンを持ち、それぞれ「シネ・シャンテ1・2」として、それぞれ独自のプログラムを持っていた。その後、3スクリーン化して館名も「シャンテシネ1・2・3」となり、現在は「TOHOシネマズシャンテ」となっている。

手元にあるプログラムの『**ベルリン・天使の詩**』（ヴィム・ヴェンダース監督）は、「シネ・シャンテ2」当時のもので、B5版本文60ページで、再録シナリオ収録はもちろん監督研究や座談会なども含めて盛りだくさんの内容で、600円であった。

神保町に存在する孤高の映画館としての「岩波ホール」の存在も大きい。ホール自体は1968年開業だが、その後74年にミニ・シアターの先駆けとして「エキプ・ド・シネマ」という独自の組織によって選び出された内外の名画を上映している。79年公開の『**女の叫び**』（ジュールス・ダッシン監督）では、B5版本文32ページでダッシン研究や再録シナリオが収載されていて300円だった。

『モーリス』600円

『女の叫び』300円

プログラムの奥付から見た当時の映画料金

映画料金が高いか、安いか？　世界の映画館の料金は知らないが、どうも世界一高いのが日本の映画館の料金らしい。筆者が持っているプログラムの奥付には、少なくとも１９６８年まではプログラムにその上映館の料金が載っていた。中途半端な資料ではあるが、55年から記載されているまでの洋画ロードショー館の料金を比較してみよう。

55年は、東宝系、松竹系のいずれも２００円（一般料金＝大人の割引なしの料金）であった。56年になると、有楽座の『王様と私』では10円上がって２１０円。翌57年も、２００円と２１０円が混在している。この２１０円は59年まで続いているが、なぜか95年は一部１９５円に値下げしているところもあれば、超大作だったせいか２５０円に設定している劇場もあった。

60年になって、ほぼ２２０円が定着しているかに見えたが、一部２３０円にしたところもあった。61年には同じスカラ座でも２５０円、３００円と混在している理由はなんだったのだろう。その後も、62年は２６０円から２８０円へ、63年には３５０円。64年３８０円、66年４００円、68年には４５０円から５００円と

『十二人の怒れる男』シドニー・ルメット監督／ヘンリー・フォンダ主演

なった。そして、69年からはプログラムの奥付から料金表は消えてしまった。
その後の数字は、日本映画産業統計による平均値でしかないが、71年の６００円からスタートして72年＝７００円、73年＝８００円と毎年のように１００円ずつ値上がりし、75年になって大台の１、０００円となり、77年＝１、３００円、80年＝１、４００円、81年＝１、５００円、89年＝１、６００円、92年＝１、７００円と、数年ごとに値上げされていった。そして93年には、その後四半世紀にわたって定着した１、８００円となる。２０００年代に入っても１、８００円はほぼ変わらないが、一部の系列の映画館はようやく19年になって、26年ぶりに１、９００円に値上げした。

とはいえ、割引料金などを含めての平均入場料は１、３４０円となるので、興行主側からすれば決して「高い料金設定ではない」と主張するかもしれない。

以下、年毎の料金を比較してみよう（題名の下の数字は公開初日の月日）。

55年　『ガラスの靴』11・19　日比谷映画　一般２００円
　　　『エディ・フォイ物語』11・29　東劇　一般２００円（松竹）
56年　『王様と私』10・26　有楽座　一般２１０円
57年　『底抜けコンビのるかそるか』４・20　スカラ座　一般席２００円
　　　『パリの恋人』９・28　スカラ座　一般席２１０円
　　　『王子と踊り子』10・５　日比谷映画　自由席２１０円
58年　『悲しみよこんにちは』４・29　スカラ座　一般２１０円

『年上の女』ジャック・クレイトン監督／シモーヌ・シニョレ主演

『エディ・フォイ物語』メルヴィル・シェイヴェルソン監督／ボブ・ホープ主演

59年
『底抜け慰問屋行ったり来たり』4・15　丸の内東宝　一般２１０円
『南十字星の下』7・11　スカラ座　一般生２１０円
『年上の女』7・21　有楽座　２５０円（女性割引２１０円）
『十二人の怒れる男』8・4　丸の内松竹　一般１９０円（松竹）
『尼僧物語』8・22　日比谷映画　一般１９５円
『みんなが恋してる』10・6　スカラ座　一般席１９５円
『いとこ同志』10・10　ニュー東宝　自由席１９５円
『ソロモンとシバの女王』11・22　有楽座　一般２５０円

60年
『5つの銅貨』1・30　スカラ座　一般席２２０円
『勝手にしやがれ』3・26　ニュー東宝　自由席２２０円
『避暑地の出来事』4・26　スカラ座　一般席２２０円
『オーシャンと十一人の仲間』12・24　丸の内東映パラス　大人２３０円

61年
『素晴らしい風船旅行』3・21　スカラ座　一般席２５０円
『九月になれば』9・19　スカラ座　一般席３００円

62年
『青い海岸』6・19　ニュー東宝　一般２６０円
『回転』8・22　みゆき座　一般２８０円

63年
『シベールの日曜日』6・15　みゆき座　一般３５０円
『フランス式十戒』9・28　みゆき座　一般３５０円

64年
『リオの男』10・24　日比谷映画　一般３８０円

『5つの銅貨』メルヴィル・シェイヴェルソン監督／ダニー・ケイ主演

『シベールの日曜日』セルジュ・ブールギニョン監督／ハーディ・クリューガー主演

65年　『柔らかい肌』5・11　みゆき座　一般380円
66年　『引き裂かれたカーテン』10・22　日比谷映画　一般400円
68年　『黒衣の花嫁』10・9　みゆき座　一般450円（土日500円）
　　　『ペルーの鳥』10・19　スカラ座　一般500円
69年　『スパイ大作戦　薔薇の秘密指令』11・21　日比谷映画　表示なし

69年以降は、プログラムの奥付がほぼなくなり、料金表示もなくなった。

以下、日本映画産業統計による一般料金の平均値では

1971年＝600円
1092年＝700円
1973年＝800円
1975年＝1、000円
1977年＝1、300円
1980年＝1、400円
1981年＝1、500円
1989年＝1、600円
1992年＝1、700円
1993年＝1、800円
2019年＝1、900円

となっている。今後はどのように推移するのであろうか。

『柔らかい肌』フランソワ・トリュフォー監督／フランソワーズ・ドルレアック主演

『スパイ大作戦　薔薇の秘密指令』ピーター・グレイヴス主演／ポール・スタンリー監督

プレスシートやチラシもご一緒に

プログラムに紛れて、いくつかのチラシやプレスシートなどがあった。チラシは、いちいち取っていたわけではない。ほとんどが上映館のプログラムの中に挟まって次回の予告の映画チラシが入っていたに過ぎないから数は知れている。それでもメルカリなどを見るとそれなりの値段がついていたりする。数少ないが、プレスシートなども残っていた。プレスシートは主として報道関係者や予告のための試写会などで配られるもので、筆者の手元にあるのはいずれもかなり大判のものである。

一番古いのは、57年7月に公開された『**八十日間世界一周**』のプレスシートである。サイズも、B４よりさらに大きく天地36・６cm左右25・７cmで、表紙をめくると両観音開きで細かな文字でぎっしりと紹介文が埋め込まれている。この作品は、１９５６年度アカデミー賞最高作品賞をはじめ5部門受賞しているだけに、それだけ宣伝にも力が入ったのだろう。丸の内ピカデリーで公開された。

フェリーニ監督の『**カビリアの夜**』（57年・スカラ座公開）は、B４サイズで4ページ。ジュリエッタ・マシーナの顔がアップでレイアウトされている。『道』

に続いて観たフェリーニ作品だった。ヒッチコック監督の『めまい』（58年・日比谷映画公開）、フランスの代表的喜劇俳優フェルナンデルが主演した『殺人狂想曲』（57年・テアトル東京公開）、同じ年のフランス映画で「フランス桃色風流譚」と角書きのある『**青い女馬**』（60年・日比谷映画公開）は、マルセル・エーメ原作クロード・オータン＝ララ監督のフランスコープ（シネマスコープではないんですね）作品だ。ベテラン俳優のブールビルに、サンドラ・ミーロが眩しい肢体を惜しげもなく見せていた。ついで、同じくフランスものだが、ほのぼのとした喜劇タッチで定評のあったジャック・タチ監督・主演の『ぼくの伯父さん』（58年・ニュー東宝公開）、ルネ・クレール監督がアメリカの古い喜劇映画を編集した『喜劇の黄金時代』（60年公開）などがあった。

西部劇の巨匠ジョン・フォード監督が、40年に制作したスタインベック原作の『怒りの葡萄』が、63年にみゆき座で公開された時のものもあった。

もう一つ大判で豪華なプレスシートがあった。63年2月に有楽座で公開された『アラビアのロレンス』のプレスシートと思われるものがある。これもかなりの大型で、天地39・4㎝左右27・3㎝だから、『八十日間世界一周』よりもひと回り大型だ。こちらの方は中綴じ8ページ建てで、ロレンスや背景になった歴史的な状況がかなり詳細に紹介されている。当時は主演のピーター・オトゥールもオマー・シャリフもあまり知られていなかったせいだろうか、他の出演者には役名表記がないのに、二人だけは役名入りで表紙に紹介されている。

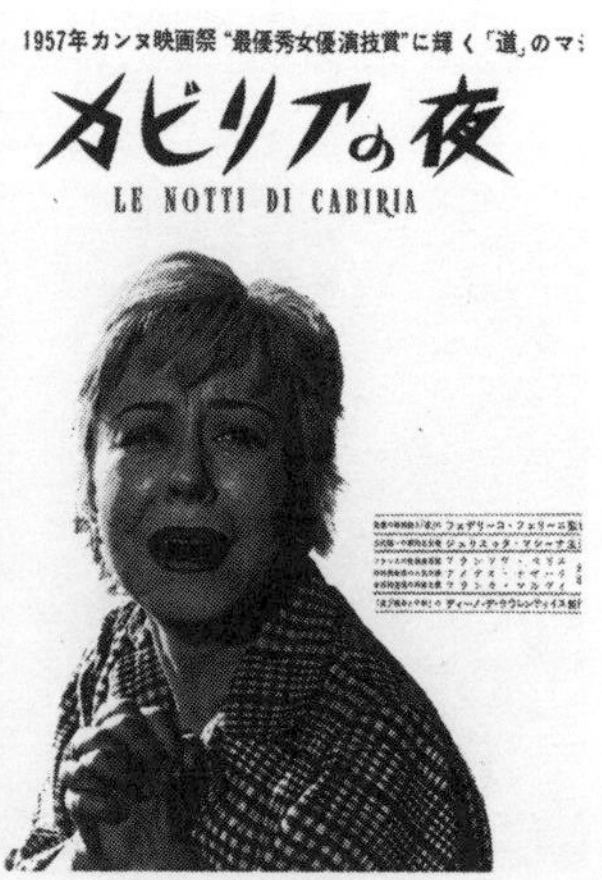

いずれにしても、プレスシートは報道関係者か試写会用のものだから、筆者は多分いずれの映画も試写会で観たのだろう。そのところは今ひとつ記憶がない。

チラシといえば、単独で取っておいたものではなく、プログラムに挟んだままのものが見つかったにすぎない。年代順に行くと、59年に新春ロードショーとしてテアトル東京で再上映された『オーケストラの少女』（37年製作）や、60年丸の内ピカデリー公開の『カンカン』、トニー・リチャードソン監督の『蜜の味』（63年公開）、ヴィスコンティ監督『**山猫**』（64年・日比谷映画公開）など、いずれも中質紙に2色刷りというチープなものだが、今見ると懐かしい。

プレスシートついでに紹介すると、邦画だが黒澤明監督『**赤ひげ**』（65年4月公開）と、市川崑総監督の『東京オリンピック』（65年3月公開）のものが手元に残されていた。前者はほぼB4版サイズで4ページ、さらに1枚挟まれたシートには、赤ひげに扮した三船敏郎の顔が力強い筆で描かれている。ここで赤ひげのセリフが一部掲げられている。「……それは政治の問題だ、と云うのだろう、誰でもそう云って済ましている、だがこれまで政治が貧困と無知に対してなにかしたことがあるのか」。これほど正鵠を射たセリフはない、まさに黒澤監督の製作意図はここにあったのだろう。それはまた、50年以上経った現代もまた、同じことが言えるのが悲しい。

後者は、公開当時物議を醸した因縁の映画であった。市川監督の記録性だけではない映像美が理解されなかったようだ。当時の国務大臣がかなりイチャモンを

付けたらしいが、結局細かい部分を手直しして押し切っての上映だったのは記憶している。

年代（昭和30年～昭和63年）で綴る洋画プログラム年表

1955（昭和30）年

今から振り返るとこの年は、日本にとって高度成長期の第1年目にあたる。石原慎太郎の『太陽の季節』が芥川賞を取り大ベストセラーに。映画界では、伝説となるジェームス・ディーンがわずか3作しか遺さずに事故死。

当時、筆者は小学6年。その時に観た洋画のプログラムの手元に残っているもの（以下同じ）が、**『ガラスの靴』『海底二万哩』『青い大陸』『シネラマ・ホリデー』『緑の魔境』**など。

■**『海底二万哩』** 20,000 Leagues Under the Sea
監督：リチャード・フライシャー　原作：ジュール・ヴェルヌ　脚色：アール・フェルトン
出演：カーク・ダグラス、ジェイムズ・メイスン、ピーター・ローレ、ポール・ルーカス

ウォルト・ディズニーの本格的劇映画製作の記念すべき第1作。古典的ＳＦ作家のジュール・ヴェルヌの原作をもとに、当時としては画期的な特殊技術によって制作された。アメリカで建造された原子力潜水艦ノーチラス号の命名は、この映画から取られたとも言われている。

1956（昭和31）年

「もはや戦後ではない」と経済白書で謳われ、高度成長が加速していった時代。アメリカではグレース・ケリーがモナコ王妃となる。ハリウッドでは40年代から赤狩り旋風が吹き荒れ、その後のケネディ政権ごろから終息に向かった。エルヴィス・プレス

『海底二万哩』

リーが大人気となった。映画『知りすぎた男』の中でドリス・ディが歌った「ケ・セラ・セラ」が大ヒットした。

筆者は中学1年となり、映画鑑賞が加速。**『追想』『沈黙の世界』『黒い牡牛』『知りすぎていた男』『王様と私』『我が青春のマリアンヌ』**など。

■『沈黙の世界』 Le monde du silence

監督・水中撮影：ジャック＝イヴ・クストー、ルイ・マル

この時期は、素晴らしいドキュメンタリー映画が多く公開された。前年の『青い大陸』や、南米を探索した『緑の魔境』などがあったが、これはアクアラングを開発したクストー（1910－97）が地中海からインド洋まで、海中の神秘を追った作品。あのルイ・マルも共同監督として参加。同時に、カンヌの短編映画グランプリを受賞したアルベール・モラレス監督『赤い風船』も併映された。これもまさにシネマ・ポエムだった。

1957（昭和32）年

ソ連がスプートニクを打ち上げ。石原裕次郎が一躍トップスターとなった年。「有楽町で会いましょう」「バナナ・ボート・ソング」が大流行。ブロードウェイでは「ウエストサイド・ストーリー」が開幕。『戦場にかける橋』で口笛によるポーギー大佐のマーチが大人気。

筆者は、中2。**『成功の甘き香り』『王子と踊り子』『翼よ！あれが巴里の灯だ』『OK牧場の決斗』『昼下がりの情事』『パリの恋人』**など。

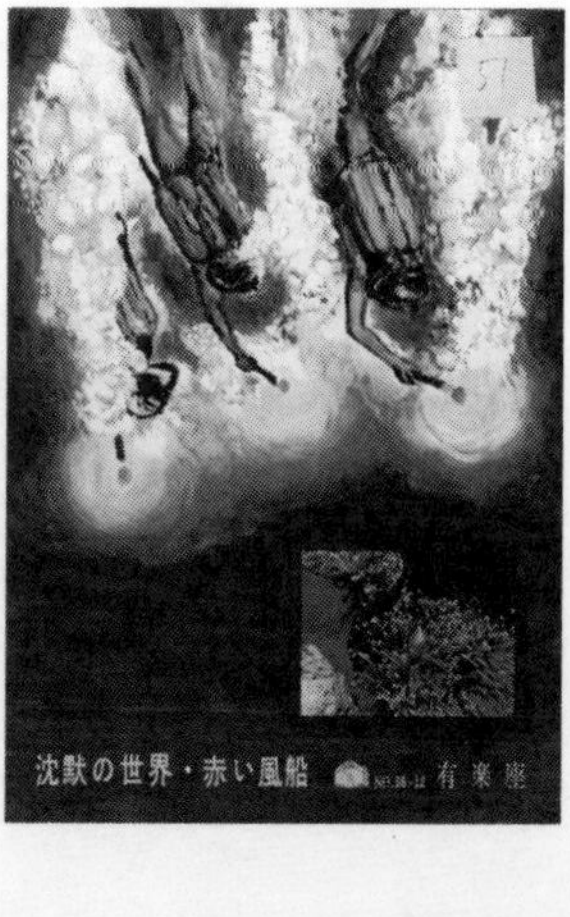

『沈黙の世界』

■『翼よ！あれが巴里の灯だ』 The Spirit of St.Louis
監督・脚色：ビリー・ワイルダー　原作：チャールス・リンドバーク　脚色：ウエンデル・メイス　出演：ジェイムス・スチュアート、デイヴィッド・オーリック

　アメリカからパリへの大西洋単独横断飛行を最初に成功させたリンドバークを主人公とした感動のドラマ。ワイルダー監督が盟友スチュアートのためにメガホンをとって成功を収めた。

1958（昭和33）年

　この年、日本映画興行において最高の観客数となった。総観客数なんと11億2745万人で、人口比からすると年間一人12本弱を観ている勘定。社会では赤線が廃止となり、ロカビリーが流行った。長嶋茂雄が巨人軍入りし、東京タワーが完成した。宮内庁が皇太子妃に正田美智子さんと発表し、以後ミッチー・ブームが沸き起こる。

　筆者は中3になり高校受験の年でもあったが、相変わらずのペースで映画鑑賞を続ける。**『大いなる西部』『眼には眼を』『追憶』『悲しみよこんにちは』『汚れなき悪戯』『八十日間世界一周』**など。

■『眼には眼を』 OEIL POUR OEIL
監督・脚色：アンドレ・カイヤット　原作・脚本：ヴェア・カチャ　出演：クルト・ユルゲンス、フォルコ・ルリ、パスカル・オードレ

　中東の小都市に住む医師ユルゲンスが、夜半に急病の妻を往診してくれと頼まれるが断ってしまう。妻は死亡し、逆恨みしたルリによって砂漠に追い込まれ、結局二人とも死に至るだろうと予想させる結末に、戦慄が走った。

『翼よ！あれが巴里の灯だ』

『眼には眼を』

1959(昭和34)年

皇太子(現:上皇明仁陛下)ご成婚。アメリカの裏庭でキューバ革命。伊勢湾台風で甚大な被害。フランス映画界ではヌーヴェル・ヴァーグが席巻。日本では週刊誌の創刊ラッシュ。「黒い花びら」「南国土佐を後にして」などがヒット。

筆者は、映画の見過ぎ?で高校受験を失敗するが、どうにか滑り込んで高1となる。

『或る殺人』『恋の手ほどき』『リオ・ブラボー』『年上の女』『十二人の怒れる男』『南太平洋』『いとこ同志』など。

■『恋の手ほどき』 GIGI

監督:ヴィンセント・ミネリ 原作:コレット 脚色:アラン・ジェイ・ラーナー 作曲:フレデリック・ロウ 出演:レスリー・キャロン、モーリス・シュヴァリエ、ルイ・ジュールダン

1958年度アカデミー賞10部門を独占したミュージカル・コメディ。『巴里のアメリカ人』でデビューしたキャロンを軸に、同じスタッフによる傑作だ。主題曲の「ジジ」も魅力的だったが、シュヴァリエの枯れた演技が何よりの見もの。

1960(昭和35)年

60年安保闘争で、国会議事堂をデモ隊が包囲。ケネディが43歳で米大統領に。カラーテレビの放送が開始。ちなみに日本でのテレビ放送の開始は1953年(昭和28年)だった。この頃から徐々に、映画観客人口が減っていく。

筆者は高2となり、**『ベン・ハー』『勝手にしやがれ』『オーシャンと十一人の仲間』『バターフィールド8』『二重の鍵』『白銀は招くよ』**など。

『恋の手ほどき』

■『ベン・ハー』 BEN-HUR
監督：ウイリアム・ワイラー　原作：ルー・ウォーレス　脚色：カール・タンバーグ　出演：チャールトン・ヘストン、ジャック・ホーキンス、スティーブン・ボイト、ハイヤ・ハラリート

ハリウッドが輝いていた50年代だからこそ生み出された超大作の歴史劇。1世紀のローマ時代、豪族の息子ベン・ハーは反逆罪に問われ、奴隷となるが艱難辛苦の末に、ローマに戻り競技場で戦車競争に出て、宿敵のメリッサに打ち勝つ。大迫力のこの戦車シーンが語り草になった。

1961（昭和36）年

東西ドイツの間にベルリンの壁により封鎖。ガガーリン、初の宇宙飛行。日本のディーンと目された赤木圭一郎が激突死。柏鵬時代の到来で相撲人気高まる。「上を向いて歩こう」「銀座の恋の物語」が大ヒット。小田実の『なんでも見てやろう』がベストセラーに。

筆者は、高3。**『処女の泉』『若者のすべて』『さよならをもう一度』『栄光への脱出』『スージー・ウォンの世界』『素晴らしき風船旅行』**など。

■『栄光への脱出』 EXODUS
監督：オットー・プレミンジャー　原作：レオン・ユリス　脚本：ダルトン・トランボ　出演：ポール・ニューマン、エヴァ・マリー・セント、ピーター・ローフォード、サル・ミネオ

イスラエル共和国が建国されるまでの、祖国再建にすべてを賭ける中で、戦火の中に咲いた若者の力強くも美しい恋を描いた超大作。との惹句が散りばめられたチラシを見つけたが、現状のパレスチナとイスラエルの終わりなき戦争を思う時、少々複雑

『ベン・ハー』

『栄光への脱出』

な気分になる。

1962（昭和37）年

キューバ危機が、間一髪で回避。マリリン・モンローが謎の死を遂げ、ビートルズがデビュー。『ニッポン無責任時代』など植木等の映画が大ヒット。テレビ映画「ベン・ケーシー」が高視聴率。この年から、アート・シアター（ATG）がスタート。第1回公開作品は『尼僧ヨアンナ』。

筆者は、大学1年となり学生演劇にはまる。**『青い目の蝶々さん』『私生活』『史上最大の作戦』『世界残酷物語』『ハタリ！』『血とバラ』**など。

■『史上最大の作戦』 THE LONGEST DAY

監督：ケン・アナキン、アンドリュー・マートン、ベルンハルト・ビッキー　原作・脚色：コーネリアス・ライアン　製作総指揮：ダリル・F・ザナック　出演：ジョン・ウェイン、ヘンリー・フォンダ、レオ・ゲン、ジャン＝ルイ・バロー、クルト・ユルゲンス

現代では、これほどの規模の映画を作るのはもう不可能だろう。製作総指揮のザナックの剛腕ぶりがうかがえる。監督も三人、出演者に至っては欧米の綺羅星のごとく名優たちが勢ぞろい。内容も凄いが、ただただ圧倒的な人海戦術に圧倒された。ポール・アンカの主題曲も印象的だった。

1963（昭和38）年

ケネディ大統領、ダラスで暗殺。ニューポート・フォーク・フェスティバルで、ジョーン・バエス、ボブ・ディラン出演。『花の生涯』でNHK大河ドラマ始まる。「こんにちは赤ちゃん」「高校三年生」ヒット。

『史上最大の作戦』

『アラビアのロレンス』『ピアニストを撃て』『悪徳の栄え』『シベールの日曜日』『鳥』『戦士の休息』など。

■『アラビアのロレンス』　LAWRENCE OF ARABIA
監督：デビット・リーン　原作：T．E．ロレンス　脚色：ロバート・ボルト　製作：サム・スピーゲル　出演：ピーター・オトゥール、オマー・シャリフ、アレック・ギネス、アンソニー・クイン

堂々4時間弱という超大作映画は、まさに度肝を抜いたスケール感だった。第1次世界大戦の頃、アラブ民族を率いて、熱砂の中をドイツ・トルコ両軍を撃破した稀代の風雲児ロレンスの活躍を余すところなく描き切った手腕はさすがリーン監督だ。

1964（昭和39）年

東京オリンピック開幕。ソ連の共産党第一書記フルシチョフ失脚。アメリカ公民権法成立。平凡パンチ創刊、若者の心をつかむ。カシアス・クレイ、ヘビー級王者に。ジョン・コルトレーン『至上の愛』でモダン・ジャズ人気高まる。

筆者は大学3年、東京1964オリンピックの選手村の食堂でアルバイト。『去年マリエンバートで』『博士の異常な愛情』『山猫』『ピンクの豹』『トム・ジョーンズの華麗な冒険』など。

■『ピンクの豹』　THE PINK PANTHER
監督・脚本：ブレイク・エドワーズ　脚本：モーリス・リッチリン　出演：ディビッド・ニーヴン、クラウディア・カルディナーレ、ピーター・セラーズ、キャプシーヌ、ロバート・ワーグナー

『アラビアのロレンス』（プレスシート）

『ピンクの豹』

今から見ると、なんと豪華なキャストだろう。ニーヴン扮する怪盗ファントムに、セラーズのパリ警察のクルーゾー警部に、華麗な女優陣が絡むロマンチック・コメディ。その後クルーゾー警部が主役の『ピンク・パンサー』シリーズの先駆けとなった。ヘンリー・マンシーニの音楽も大ヒット。

1965(昭和40)年

アメリカ北爆により、ヴェトナム戦争泥沼化。シンガポール、マレーシアより分離独立。市民運動の「ベ平連」誕生。チェ・ゲバラ姿を消す。ローリング・ストーンズ「サティスファクション」で一躍スーパースターに。エレキ・ブームに拍車。

筆者は、大学4年。就職活動もそこそこにフォーク・コンサートを主催。**『コレクター』『8½』『007ゴールドフィンガー』『ダンケルク』『黄金の男』**など。

■『コレクター』 THE COLLECTOR

監督：ウイリアム・ワイラー　原作：ジョン・ファウルズ　脚色：スタンリー・マン、ジョン・コーン　出演：テレンス・スタンプ、サマンサ・エッガー

巨匠ワイラー監督が、当時二人の新人を起用してユニークな題材を取り上げた。蝶の収集が趣味の内気な青年が、クロロフォルムを使って若い女性の収集をはじめる。青年の異常な心理と、必死に逃れようとする女性。その結末が、なんとも不気味だったことだけは覚えている。

1966(昭和41)年

中国で、毛沢東が「文化大革命」を開始。ベトナム戦争激化し、アメリカ世論二分。全日空機、羽田沖に墜落。ビートルズが日本武道館で公演。フォーク・ブームとともに、

『コレクター』

グループサウンズも大流行。「ウルトラマン」人気。『男と女』大ヒット。

筆者は、なんとかレコード会社に就職。音楽出版に携わる。『**カトマンズの男**』『**黄金の7人**』『**続・黄金の7人**』『**ナック**』『**引き裂かれたカーテン**』など。

■『**ナック**』 THE KNACK
監督：リチャード・レスター　原作：アン・ジェリコー　脚色：チャールズ・ウッド　出演：リタ・トゥシンハム、レイ・ブルックス、マイケル・クロフォード、ドネル・ドレリー

レスター監督といえばビートルス映画でおなじみ。その彼が、いかにも当時の若者世代の行動を描いて、カンヌ映画祭でパルムドールを受賞した作品。主演者はほとんど知らないが、無名時代のジェーン・バーキンやシャーロット・ランプリングも端役で出ていたらしい。

1967（昭和42）年

東京都に初の革新知事、美濃部亮吉当選。ミニスカートの女王ツイッギー来日。日本でもミニスカート大流行。寺山修司「天井棧敷」結成。「ブルー・シャトゥ」「帰ってきたヨッパライ」大ヒット。深夜放送、若者に人気。

筆者は、社会人2年目。さすが観る本数も少なくなって『**戦争と平和**』『**真実の瞬間**』『**華氏451**』『**キャメロット**』『**夕陽のガンマン**』『**いつも二人で**』など。

■『**夕陽のガンマン**』 FOR A FEW DOLLARS MORE
監督・脚色：セルジオ・レオーネ　脚色：ルチアーノ・ビンチェンツォーニ　主演：クリント・イーストウッド、リー・ヴァン・クリーフ、ジャン・マリア・ボロンテ

言わずと知れたマカロニ・ウェスタンの代表作。かつてテレビの「ローハイド」に

『ナック』

『夕陽のガンマン』

出ていたイーストウッドという紹介は不要か。それに西部劇の敵役ヴァン・クリーフを相棒役にしたキャスティングの妙。エンニオ・モリコーネの音楽がまた泣かせた。

1968（昭和43）年

世界各地で反体制運動が激化。キング牧師とロバート・ケネディが銃弾に倒れる。ビートルズ、アップル・レコード設立。大学紛争常態化し、日大全共闘など過激に。「あしたのジョー」連載開始。日本初の高層ビル「霞が関ビル」完成。

筆者、社会人3年目。**『華麗なる賭け』『黒衣の花嫁』『異邦人』『しのび逢い』『あの胸にもう一度』『バーバレラ』**など。

■**『異邦人』** LO STRANIERO

監督：ルキーノ・ヴィスコンティ　原作：アルベール・カミュ　脚色：スーゾ・チョッキ・ダミコ、ジョルジョ・コンチョン、エマニュエル・ロブレー　出演：マルチェロ・マストロヤンニ、アンナ・カリーナ、ベルナール・ブリエ

カミュの小説を巨匠ヴィスコンティが真正面から取り組んだ名作。カミュは生前は映画化を拒否していたが、未亡人がヴィスコンティが撮ることを条件に映画化が許可されたという。マストロヤンニのムルソー役はともかくカリーナの起用は意外だった。

1969（昭和44）年

アポロ11号月面着陸成功。ウッドストックに40万の若者集結。東大安田講堂、陥落。反戦フォーク集会、機動隊と衝突。「男はつらいよ」シリーズ始まる。パンタロン、マキシコートが流行。

筆者、社会人4年目にしてレコード会社を退職しコピーライターに。DJも経験。

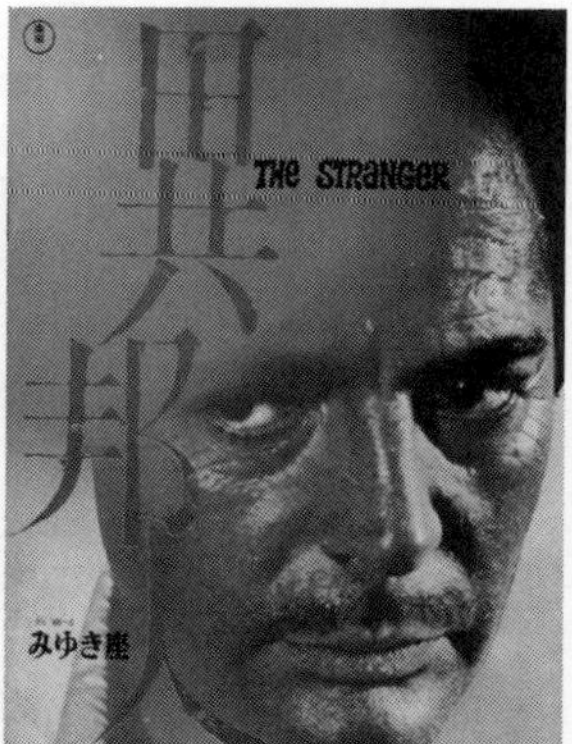

『異邦人』

『チキチキバンバン』『アポロンの地獄』『ローズマリーの赤ちゃん』『スパイ大作戦』『レッドムーン』『世にも怪奇な物語』など。

■『スパイ大作戦　薔薇の秘密指令』　MISSION IMPOSSIBLE vs. THE MOB
監督：ポール・スタンレイ　脚本：ウイリアム・リード、ウッドフィールド、アラン・バルチャー　出演：ピーター・グレイブス、マーティン・ランドー、バーバラ・ベーン、グレッグ・モリス

日本でも67年から放映され人気を集めたテレビ・ドラマ「スパイ大作戦」の劇場用映画。キャストは、グレイブスをはじめほぼテレビと同じ。このタイトルとアイデアをそのまま流用して、96年からのトム・クルーズ主演の『ミッション・インポッシブル』シリーズが始まったのだ。

1970（昭和45）年

万国博、大阪で開催。よど号ハイジャック事件。三島由紀夫、防衛庁に乗り込み割腹自殺。女性誌「an・an」創刊。日本初のウーマンリブの旗揚げ。アメリカで排ガス規制法「マスキー法」採決。「知床旅情」「走れコウタロー」ヒット。

筆者は、コピーライター2年目にして東京コピーライターズクラブ新人賞を受賞。初のヨーロッパ旅行。『冬のライオン』『トパーズ』『女王陛下の007』『MASH』『ジョンとメリー』など。

■『冬のライオン』　THE LOIN IN WINTER
監督：アンソニー・ハーヴィー　劇作・脚色：ジェイムズ・ゴールドマン　出演：ピーター・オトゥール、キャサリン・ヘップバーン、ジェーン・メロウ、ティモシー・ダルトン

『スパイ大作戦　薔薇の秘密指令』

『冬のライオン』

まるでシェイクスピア歴史劇を思わせる重厚なドラマで、名優たちが丁々発止の演技を繰り広げる。ヘンリー2世を中心に皇妃と皇女が繰り広げる愛憎劇に、4代目ボンドを扮するダルトンが、この映画で初出演。

1971(昭和46)年

ニクソン・ショックで固定相場360円から308円へ。バングラデッシュ誕生。東京都ゴミ戦争。成田空港建設反対闘争、激化。マクドナルド上陸。にっかつロマンポルノ登場。ボーリング・ブームで女性ボーラー人気。「また逢う日まで」「わたしの城下町」ヒット。

筆者は、大手広告制作会社に入社、東京コピーライターズクラブに入会。**『エルビス・オン・ステージ』『ウイズ・ジョー・コッカー』『哀しみのトリスターナ』『屋根の上のバイオリン弾き』『小さな巨人』『流れ者』**など。

■**『エルビス・オン・ステージ』** ELVIS ON STAGE
監督：デニス・サンダース　出演：エルヴィス・プレスリー

戦後のポップス・シーンを席巻したエルヴィスの、ラスヴェガスにおけるステージ・ショーを見事に構成した音楽映画。冒頭の「ツァラトゥストラかく語りき」のオープニングからして、エルヴィスの世界に引き込まれる。「この胸のときめきを」から始まっての全26曲を歌いきった。

1972(昭和47)年

ニクソン大統領、中国訪問。日中国交回復なる。浅間山荘事件など連合赤軍派壊滅。横井庄一氏グアム島から帰還。ウォーターゲイト事件発覚。土地ブーム再燃。「喝采」

『エルビス・オン・ステージ』

「瀬戸の花嫁」ヒット。「木枯し紋次郎」人気。

筆者は、コピーライター4年目。『愛の狩人』『フレンジー』『ひきしお』『ラ・マンチャの男』『バングラデッシュのコンサート』『愛のふれあい』など。

■『愛の狩人』 Carnal Knowledge
監督：マイク・ニコルズ　脚本：ジュールス・ファイファー　出演：ジャック・ニコルソン、キャンディス・バーゲン、アーサー・ガーファンクル、アン・マーグレット、リタ・モレノ
あの『卒業』のマイク・ニコルズが満を持して、肉欲の果ての愛の不毛を描いた作品。キャストがまたいい。バーゲンとニコルソンはもちろんマーグレットと懐かしいモレノ、そしてガーファンクルの演技も期待以上だった。

1973（昭和48）年

第1次石油ショック。日本円、変動相場制へ移行。韓国KCIA、金大中を日本から拉致。鄧小平、復権。「神田川」ヒット。同棲ブーム。ユリ・ゲラーの超能力に人気。映画『仁義なき戦い』、テレビドラマ「刑事コロンボ」人気。

『フォロー・ミー』『ジョニーは戦争に行った』『ジャッカルの日』『ポセイドン・アドベンチャー』『ブラザーサン・シスタームーン』など。

■『フォロー・ミー』 Follow Me!
監督：キャロル・リード　原作・脚色：ピーター・シェーファー　出演：ミア・ファロー、トポル、マイケル・ジェイストン
イギリスの著名な劇作家シェーファーが自ら脚色した作品を『第三の男』のリード監督が、軽妙なタッチで描く。妻の浮気を疑う夫が探偵を雇って真相を確かめようと

『愛の狩人』

『フォロー・ミー』

する、その探偵に扮するのが『屋根の上のバイオリン弾き』に主演したトポルで、ファローとの追っかけっこをするが……結末はハッピーエンドで終わるコメディ。

1974(昭和49)年

ウォーターゲイト事件で、ニクソン大統領辞任。スパイ事件で西独ブラント首相失脚。丸の内で過激派グループが爆破事件。宝塚歌劇「ベルサイユのばら」が大ヒット。長嶋茂雄、引退。

『叫びとささやき』『パピヨン』『スティング』『モンパリ』『三銃士』『ダラスの暑い日』など。

■『パピヨン』 PAPILLON

監督：フランクリン・J・シャフナー　原作：アンリ・シャリエール　脚本：ダルトン・トランボ、ロレンゾ・センブル・ジュニア　出演：スティーブ・マックィーン、ダスティン・ホフマン

つい最近もリメイクされたが、これが本家?の『パピヨン』だ。実在の脱獄囚シャリエールの原作による。身に覚えのない殺人容疑で、仏領ギアナの流刑地に送られるが、その後なんども脱獄して、その回数は10回を数えるという。そんな破天荒の主人公をマックィーンが楽しそうに演じている。

1975(昭和50)年

サイゴン陥落で、ヴェトナム戦争終結。フランコ将軍死去で、スペインが自由に。主要6カ国で第1回サミット開催。紅茶きのこブーム。「シクラメンのかほり」「港のヨーコ・ヨコハマ・ヨコスカ」ヒット。

『パピヨン』

『大地震』『愛の嵐』など。

■『愛の嵐』 THE NIGHT PORTER
監督・脚本：リリアーナ・カバーニ 脚本：イタロ・モスカティ 出演：ダーク・ボガード、シャーロット・ランプリング、フィリップ・ルロワ
元ナチス親衛隊員だった夜警のボガードが、偶然、かつて収容所でユダヤ人の女性として慰み者にしていた女性と出会う。その忌まわしい過去が、二人を狂気の愛へと導いていく。ランプリングの体当たり的な倒錯した演技が印象的だった。

1976（昭和51）年
この年アメリカ建国200年。毛沢東死去により後継者争い激化。ロッキード事件で田中角栄逮捕。「北の宿から」「およげ！たいやきくん」大ヒット。記憶にございませんが流行語に。コマネチ人気。宅配便誕生。ベータとVHSの2種のヴィデオ・レコーダー発売。

『ニューヨークの王様』『大統領の陰謀』『アデルの恋の物語』『MASH』など。

■『大統領の陰謀』 All the President's Men
監督：アラン・J・パクラ 原作：ボブ・ウッドワード、カール・バーンスタイン 脚色：ウィリアム・ゴールドマン 出演：ロバート・レッドフォード、ダスティン・ホフマン、マーチン・バルサム、ジョーソン・ロバーツ
言わずと知れたニクソン大統領によるウォーターゲイト事件で告発した二人の記者を主人公にしたドキュメンタリー・タッチのドラマ。レッドフォードが望んで映画化しただけに、ホフマンとのコンビもお見事。日本では、なかなかこういう傾向の映画

『愛の嵐』

『大統領の陰謀』

が創れないのが残念だ。

1977(昭和52)年

エジプト大統領サダトが、イスラエルを承認。日本赤軍のハイジャックで、超法規的措置をとる。「ペッパー警部」でデビューしたピンク・レディーが大ブーム。王貞治がホームラン世界一に。プレスリーが死去。

『さすらいの航海』『ネットワーク』『オルカ』『ザ・ディープ』『ザ・チャイルド』など。

■**『ネットワーク』** NETWORK

監督：シドニー・ルメット　原案・脚本：パディ・チャイエフスキー　出演：フェイ・ダナウェイ、ウイリアム・ホールデン、ピータ・フィンチ、ロバート・デュバル

『十二人の怒れる男』を撮ったルメット監督が、テレビ界でのニュース報道をめぐってのシリアスな葛藤を描いた作品。ダナウェイのTVレポーターから這い上がってきた辣腕の女性と、放送局で権力を握るホールデンとの相克。デュバルやフィンチが存在感をもって脇を固める。

1978(昭和53)年

紆余曲折を経て、ようやく成田に新東京国際空港が開港。映画『サタデイ・ナイト・フィーバー』のヒットも手伝い、空前のディスコ・ブーム。初のエイズ患者が確認。

筆者、個人制作会社設立。**『サタディ・ナイト・フィーバー』『コンボイ』『家族の肖像』『スター・ウォーズ』『ナイル殺人事件』『ジャスト・ア・ジゴロ』**など。

『ネットワーク』

■『サタディ・ナイト・フィーバー』SATURDAY NIGHT FEVER
監督：ジョン・バダム　原作：ニック・コーン　脚色：ノーマン・ウエクスラー　出演：ジョン・トラボルタ、カレン・ゴーニー、ジョセフ・カリ、バリー・ミラー
　当時大流行のビー・ジーズなどのヒット曲をふんだんに使い、トラボルタが華麗に踊るシーンによって、日本でもディスコ・ブームで大フィーバー。今から振り返ると、まさに好景気を象徴するかのようだった。

1979（昭和54）年

　英国初の女性首相サッチャー誕生。韓国パク大統領射殺される。マザー・テレザ、ノーベル平和賞に。パソコン・ブームが到来。「ドラえもん」人気沸騰。「ウォークマン」大ヒット。

『チャイナ・シンドローム』『さよなら、ミス・ワイコフ』『イノセント』『ビッグ・ウエンズディ』『女の叫び』など。

■『チャイナ・シンドローム』The China Symdrome
監督・脚本：ジェームズ・ブリッジス　脚本：マイク・グレイ、T・S・クック　出演：ジョーン・フォンダ、ジャック・レモン、マイケル・ダグラス
　テレビ局の人気キャスターであるフォンダが、原子力発電所を取材中、偶然、原子炉事故を目撃してしまう。事故をひた隠しにしようとする発電所。その後、何者かの黒い影に脅かされる。この映画の公開2週間後、なんと実際のスリーマイル島の事故が起きてしまったというから恐ろしい。日本でもまったく他人事ではない。

『サタディ・ナイト・フィーバー』

『チャイナ・シンドローム』

1980（昭和55）年

ポーランドで「連帯」誕生。中国で毛沢東夫人の江青、裁かれる。山口百恵ファイナル・コンサート。ジョン・レノン射殺される。モスクワ五輪を、日本を含む多くの国がボイコット。

『華麗なる相続人』『クレイマー・クレイマー』『地獄の黙示録』『カリギュラ』『マンハッタン』『夜よ、さようなら』など。

■『地獄の黙示録』 APOCALYPSE NOW

監督・脚本：フランシス・コッポラ　脚本：ジョン・ミリアス　出演：マーロン・ブランド、ロバート・デュバル、マーチン・シーン

思わず戦慄を覚えた映画だ。コッポラはベトナム戦争の恐怖と狂気を描きたかったと述べている。ブランドの演技を上回るデュバルの狂気に駆られた役柄は、まさに戦争の愚かさを象徴している。21世紀になっても、この恐怖はますます増大しているようだ。

1981（昭和56）年

サダト・エジプト大統領暗殺。チャールズ皇太子、ダイアナと結婚。『窓ぎわのトットちゃん』空前のベストセラーに。『なんとなくクリスタル』も人気。「機動戦士ガンダム」大人気。

『愛と哀しみのボレロ』『Mr.レディMr.マダム』『スーパーマン2』『グロリア』など。

■『Mr.レディMr.マダム』 La Cage aux Folles

監督：エドアール・モリナロ　原作・脚色：ジャン・ポワレ　脚色：フランシス・ベベール、

『地獄の黙示録』

エドワール・モリナロ、マルセル・ダノン　出演：ウーゴ・トニャッツィ、ミシャル・セロー、ミシェル・ガラブル、クレール・モーリエ

日本でも「ラ・カージュ・オ・フォール」としておなじみの舞台劇を映画化したもの。現在のLSBTを先取りしたような、「狂気の檻」という名のオカマ・クラブで引き起こされる艶笑喜劇。

1982（昭和57）年

アルゼンチンと英国がフォークランドで武力衝突。教科書問題で「侵略」表現に待ったがかかる。マイケル・ジャクソン、マドンナが大人気。統一教会で合同結婚式。東北新幹線、発車。広告コピーが注目される。

『アニー』『終列車』『未知への飛行』など。

■**『終電車』**　LE DERNIER METRO

監督・脚本：フランソワ・トリュフォー　脚本：シュザンヌ・シフマン　主演：カトリーヌ・ドヌーヴ、ジェラール・デバルデュー、ジャン・ポワレ、ハインツ・ベネント

ただ一人の男性に愛を捧げるのではなく、二人の男性を同時に愛することを、彼女自身で肯定してしまう女をドヌーヴが演じる。まだ若かったデバルデューと、ベテランのジャン・ポワレが絡む、いかにもフランス映画らしいテイスト。

1983（昭和58）年

大韓航空機、ソ連領空で撃墜。田中角栄元首相に実刑判決。東京ディズニーランド開園。軽薄短小、ニャンニャン、いいとも、などが流行語に。連続ドラマ「おしん」空前の視聴率を記録。

『Mr.レディMr.マダム』

『終電車』

『ディーバ』『パッション』『007オクトパシー』『カルメン』など。

■『パッション』 PASSION
監督：ジャン＝リュック・ゴダール　出演：イザベル・ユベール、ハンナ・シグラ、ミシェル・ピコリ
同じ題名でイエスの生涯を描いたメル・ギブソン監督のものもあるが、これはゴダール監督の方。ドラクロワの絵画から発想したというが、スイスらしい村に撮影隊が入るところから始まる。脚本家の名がないのは、ほとんどシナリオなしで撮影したものを彼自身が編集しているからだろうか。

1984(昭和59)年

インドのガンディー首相、暗殺。香港返還、1国2制度で解決。『風の谷のナウシカ』大ヒット。ラップ音楽が流行。グリコ・森永事件によって、「かい人二十面相」などが流行語に。

『危険な年』『ラ・パロマ』『ダントン』『アンナ・パブロワ』など。

■『危険な年』 The Year of Living Dangerously
監督・脚本：ピーター・ウェアー　原作・脚本：クリストファー・J・コッチ　脚本：デビット・ウィリアムソン　出演：メル・ギブソン、シガニー・ウィーバー、リンダ・ハント
ギブソン＝ウィーバーを起用してのオーストラリア映画。1965年のインドネシアでの国内動乱の中での社会派ラブ・ストーリー。現地の男性に扮したベテラン女優リンダ・ハントが、83年アカデミー助演女優賞を受賞している。

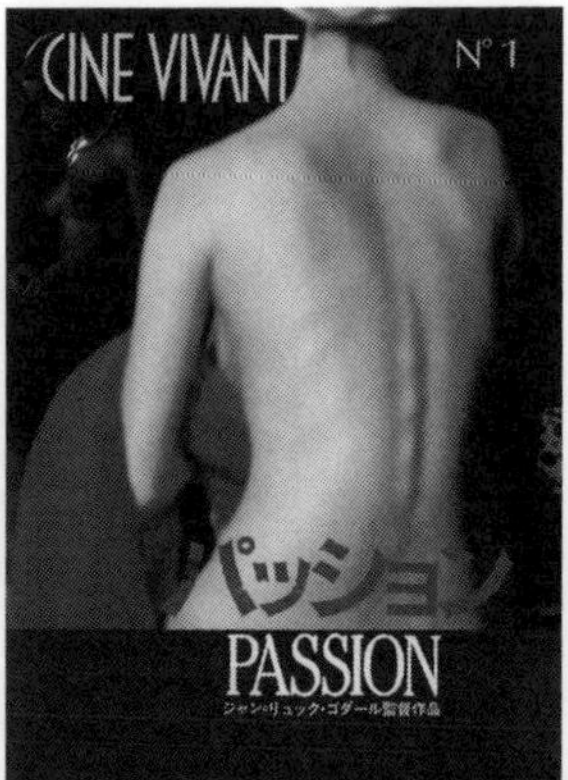

『パッション』

『危険な年』

1985(昭和60)年

ソ連ゴルバチェフが大統領に。「ペレストロイカ」断行。国内初のエイズ患者発生。阪神タイガース初の日本一。つくばで科学万博開催。藤ノ木古墳発掘。男女雇用均等法が成立。

『コーラスライン』『日曜日が待ち遠しい！』『カオス・シチリア物語』『パリ・テキサス』『バック・トゥ・ザ・フィーチャー』など。

■**『バック・トゥ・ザ・フューチャー』** BACK TO THE FUTURE

監督・脚本：ロバート・ゼメキス　脚本：ボブ・ゲイル　製作総指揮：スティーヴン・スピルバーグ　出演：マイケル・J・フォックス、クリストファー・ロイド、リー・トンプソン

タイムスリップする発想は古くからあるが、これは30年の時間差を上手く演出した傑作。この後も続編が出ているのも肯ける面白さだ。当時まだ24歳だったフォックスと、エキセントリックなブラウン博士を演じるロイドとのコンビが秀逸だった。

1986(昭和61)年

ソ連、チェルノブイリ原子炉爆発。米国チャレンジャー号爆発。三原山が大噴火し、全島民避難。土井たか子、初の女性党首に。チャールズ皇太子夫妻来日で、ダイアナ・フィーバー。ファミコンが大ブーム。この時期からの数年間、日本はバブル景気に湧く。

『ハスラー2』『赤ちゃんに乾杯』『ヤング・シャーロックピラミッドの謎』『赤毛のアン』など。

■**『ハスラー2』** THE COLOR OF MONEY

監督：マーティン・スコセッシ　原作：ウォルター・デビス　脚本：リチャード・プライス

『バック・トゥ・ザ・フューチャー』

『ハスラー2』

出演：ポール・ニューマン、トム・クルーズ、メアリー・エリザベス・マストラントニオ　ヘレン・シェイバー

前作『ハスラー』（ロバート・ロッセン監督）ではジャッキー・グリースンとの息詰まるプールを演じたが、それから25年後。今度は、若きクルーズの挑戦を受けるニューマン。題名は「2」となっているが、決して前作の二番煎じや柳の下狙いではなく、まさに独立した傑作。

1987（昭和62）年

ブラック・マンデーで米株価大暴落。北朝鮮、大韓航空機を爆破。韓国で民主化運動強まる。国鉄解体し、JR発足。地上げなどバブル経済はびこる。マイケル・ジャクソン、マドンナ相次いで来日。

『男と女Ⅱ』『眺めのいい部屋』『満月の夜』『マーラー』など。

■『眺めのいい部屋』　A Room with a View

監督：ジェイムズ・アオヴォリィ　原作：E・M・フォースター　脚本：ルース・プローワー・ジャブヴァーラ　出演：ヘレナ・ボナム・カーター、マギー・スミス、デンホルム・エリオット、ジュディ・デンチ

20世紀初頭のイギリスの良家の子女はフィレンツェに滞在するという、いわゆる「エドワーディアン」（エドワード朝）を描いた、やや高踏的なテイストのする映画だった。中身は偶然に出会った男女が、因習から解き放たれて愛に生きるという結末は定石通り。いかにも英国上流女性という役柄はスミスの真骨頂だ。

『眺めのいい部屋』

1988（昭和63）年

リクルート事件発覚、構造汚職。イラン・イラク戦争終結。ソウル五輪開催。東京ドーム完成。日米貿易戦争で、日本製品ピンチ。ベン・ジョンソン、ドーピングで金メダル剝奪。

『ウォール街』『ベルリン・天使の詩』『ダンサー』『イシュタール』『メロ』など。

■**『ベルリン・天使の詩』** DER HIMMEL ÜBER BERLIN

監督・脚本：ヴィム・ヴェンダース　脚本協力：ペーター・ハントケ　出演：ブルーノ・ガンツ、ソルヴェイグ・ドマルタン、オットー・サンダー、ピーター・フォーク

『パリ・テキサス』など話題作を提供しているヴェンダースの、これまたポエティックな作品だ。なかなか実際の映像作品の中で天使を登場させるのは勇気のいる表現だが、ベルリンの馴染みのある場所を背景に、ひたすら映像美で見せる映画だった。なぜかフォークが映画スターとして登場するのもご愛嬌。

1989（昭和64・平成元）年

1月7日昭和天皇崩御。年号が平成に。

『ベルリン・天使の詩』

主な参考図書

『世界シネマ大事典』フィリップ・ケンプ責任編集・遠藤裕子他・訳、三省堂
『お楽しみはこれからだ』和田誠、文藝春秋
『美女ありき』川本三郎、七つ森書館
『ギャバンの帽子、アルヌールのコート』川本三郎、春秋社
『ハリウッド黄金期の女優たち』逢坂剛・南伸坊・三谷幸喜、七つ森書館
『わが恋せし女優たち』逢坂剛・川本三郎、七つ森書館
『ハリウッド美人帖』逢坂剛・南伸坊、七つ森書館
『外国映画ぼくの 500 本』双葉十三郎、文藝春秋
『外国映画ハラハラドキドキぼくの 500 本』双葉十三郎、文藝春秋
『アメリカ映画の大教科書』（上・下）井上一馬、新潮選書
『たかが映画じゃないか』山田宏一・和田誠、文藝春秋
『忘れられそうで忘れられない映画』和田誠、文藝春秋
『映画果てしなきベスト・テン』山田宏一、文藝春秋
『大いなる西部劇』逢坂剛・川本三郎、新書館
『誇り高き西部劇』逢坂剛・川本三郎、新書館
『西部劇を極める事典』芦原伸、天夢人
『ビリー・ワイルダーのロマンチック・コメディ』瀬川裕司、平凡社
『日本映画史』四方田犬彦、集英社新書
『映画館と観客の文化史』加藤幹郎、中公新書
『日本映画黄金期の影武者たち』シナリオ・センター編、彩流社
『映画館と観客のメディア論』近藤和都、青弓社
『直営洋画劇場上演作品 1955 − 1999 有楽町ロードショー（洋画）劇場上映作品リスト』東宝
『生まれて半世紀！さよならフェスティバル（有楽座・日比谷映画）』 東宝
ウイキペディア
Movie Walker Press など
その他各社映画プログラム

作品索引

あ行

か行

さ行

た行

な行

は行

ま・や行

ら・わ行

著者………新井巌（あらい・いわお）
コピーライター。著書に『目からウロコのシナリオ虎の巻』『日めくり「オペラ」366日事典』『文人たちのまち　番町麹町』（言視舎）、編共著に『日本映画黄金期の影武者たち』（彩流社）『知識ゼロからのクラシック入門』（幻冬舎）ほかがある。

装丁………山田英春
DTP組版………勝澤節子
編集協力………田中はるか

洋画プログラムに夢中だった頃

1955－1988 秘蔵コレクション大公開

発行日❖2020年8月31日　初版第1刷

著者
新井巌

発行者
杉山尚次

発行所
株式会社**言視舎**
東京都千代田区富士見 2-2-2　〒102-0071
電話 03-3234-5997　FAX 03-3234-5957
https://www.s-pn.jp/

印刷・製本
中央精版印刷㈱

ISBN978-4-86565-186-7 C0074